聯想，編織童話的彩衣

九歌小教室 2

讀童話學作文 中階

管家琪 著

目 錄

關於
讀童話學作文

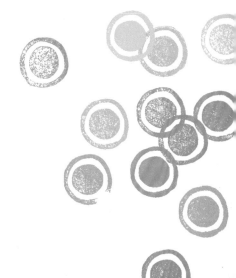

寫給大朋友的話

經常會聽到小朋友說：「其實我也不是真的就那麼討厭作文，我只不過是不喜歡寫老師教我們寫的題目。」確實，好的作文題目不僅能夠提高小朋友提筆的興趣，也有助於激發他們的思路，每次在和老師們做作文教學的講座時，我總是會建議老師們，對於要求小朋友寫什麼樣的題目一定要好好多費一些心思，有時甚至不妨也可不限題目，讓小朋友愛寫什麼就寫什麼，首先只要讓小朋友願意寫、喜歡寫，這是最重要的，千萬不要一開始就一股腦兒地拚命向小朋友轟炸什麼所謂的作文技巧。

因為，「多讀多寫」永遠是提高作文能力的不二法門，這是不可能有捷徑的，如果小朋友的程度還不夠，甚至對於要提筆寫一點東西這件事根本還絲毫興趣也沒有，這個時候你硬塞給他再多的作文技巧也是白搭；反過來說，如果小朋友願意寫、喜歡

寫，寫多了下筆自然就沒那麼困難，也自然就會慢慢進步，這就好像一個再怎麼拙於言詞的人，如果樂意主動地經常開口說話，久而久之對於要闡述一個想法和意念自然也就不會覺得那麼的困難。凡事都是會熟能生巧的。

所以我這幾年在帶小朋友閱讀寫作營的時候，總是會留一點讓小朋友自由發揮的空間，這個時候我就發現，小朋友最喜歡寫的就是童話。

這也難怪，童話不僅是兒童文學中最重要的一種文類，也一直是最受小朋友喜愛的一種文類。童話寫作特別需要一顆飽滿的童心，才能發揮自由奔放的想像力。我們常常用「童心未泯」來讚美大人，可是，對於大多數的孩子們來說，他們根本就不缺童心，他們的童心還非常充沛，他們根本就還生活在童話裡！所以，我覺得如果能夠讓孩子們試著來寫一寫童話，是一個很好的練筆方式，寫多了，孩子們對於如何用字遣詞、如何表達一個構思、如何把一件事（一個故事）說清楚（這些其實就是作文的基本能力），自然就都會有所心得。

不過，接下來的問題是，童話寫作不僅需要豐富的想像力，也很需要駕馭這個想像的能力；這也好像是寫其他文類的作文，光是有一個很棒的構思和題材還不夠，你還需要一種能夠把它好好表達出來的本事。而關於童話寫作的技巧，偏偏往往都是只能意會、很難言傳。我想，不只是我，大概每一個作家都經常會碰到讀者好奇地詢問「你的哪一個故事是怎麼寫出來的？」，面對這種「大哉問」，想要做具體的解說，實在是很不容易。

　　現在，「讀童話學作文」這套叢書，我要做的就是努力把本來很難言傳的東西，盡可能具體地說出來，同時還要說得清楚，說得有趣。我的主要訴求對象是小朋友。我們在教小朋友任何事情的時候，都會打比方，告訴孩子們「你看這個就好像什麼什麼」，孩子們比我們大人更需要從具體的事物去尋找已有已知的經驗，再以這些經驗做為基礎去學習新的事物，這也就是為什麼我要採取「夾議夾敘」的原因；我想做的就是在梳理整個童話發展脈絡，以及討論童話寫作技巧的同時，一方面讓小朋友看故事，另一方面讓小朋友從看故事中領會我所要傳達的一種觀念和

技巧，從而對於這些抽象的技巧能夠有所掌握。此外，我也收錄了一些小朋友的童話習作，這些作品如果站在比較嚴格的作文角度來考量，或許很多都不能算是最優秀的作品，但是我覺得還是很有可取之處，而且都可以讓小朋友更進一步地了解寫作技巧，並激發小朋友動筆的興趣和信心。

此外，這套叢書雖然主要是針對小朋友而寫，三本書是按照由淺入深的層次，但是對於想要指導小朋友嘗試童話寫作，或是自己本身想要嘗試童話創作的大朋友，應該都還是有一些參考價值的吧。童話是屬於我們每一個人的，只要你有心去親近，你就可以在童話的世界裡自由翱翔。

管家琪

寫給小朋友的話

　　親愛的小朋友，這套叢書主要是為你們而編寫的。

　　你們一定讀過不少很棒的童話，譬如《安徒生童話》、《格林童話》、《天方夜譚》等等，不過未必清楚它們究竟是棒在哪裡；而當你在讀很多很多精彩的童話的時候，或許也曾興起過「我也想來試著寫寫童話」的念頭，可是你未必知道究竟該如何下手。

　　現在，這套叢書，一方面要告訴小朋友「童話」到底是怎麼來的（童話的歷史），還要告訴小朋友，如果你想嘗試寫童話，該從哪些地方著手最為可行和有效，而如果想要精益求精，你也會學習到該掌握哪些重要的寫作技巧。

　　閱讀這套叢書，你們將展開一趟愉快的童話之旅，並且從閱讀很多好聽的故事以及欣賞很多佳作的過程中，逐漸領會有關童

話和作文很多有趣的東西。

祝大家旅途愉快！盡情享受這迷人的童話吧！

管家琪

童話寫作經驗在
記敘文上的運用

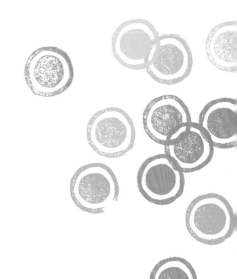

當我們讚美一個人說他有一枝「生花妙筆」的時候，往往是因為他很擅長比喻。

其實，很多成語都是很好的比喻，能夠用區區四個字把一種非常複雜的感覺或是情境，做一個非常生動、恰當、巧妙地描述。比方說：

・「一毛不拔」：形容一個人非常吝嗇。

・「天衣無縫」：形容一件事情或是一篇作品十分周到和完善，沒有任何漏洞，也沒有任何可以被指摘的地方。

・「破釜沉舟」：形容抱定了最大的決心。

・「草木皆兵」：形容一個人在遭受過某種挫敗或打擊之後，變得特別地疑神疑鬼，膽小怕事。

每一個成語的背後都有一個歷史故事或是出處，都有它產生的背景，這就是所謂的「典故」。比方說：

・「一毛不拔」：語出《孟子》裡頭的〈盡心篇〉，原文是

「楊子為我，拔一毛而利天下，不為也。」意思就是說，楊子的主張，一切都是為我（為自己），就算是拔一根毛就可以造福世界這樣的事，他也是不肯做的。楊子，就是楊朱，戰國時期的思想家，衛國人，主張「利己」，主張一切都是為了個人的利益，和墨子主張的「兼愛」思想剛好是兩個極端。

　　‧「天衣無縫」：語出《靈怪錄》，這是古代的一本神話故事書。這個典故是說一個叫做郭翰的人，在某一個夏夜，在庭院中見到一個白衣女子從空中慢慢落下，自稱是天上的織女，而郭翰注意到女子的衣服全身無縫，覺得很奇怪，女子則告訴他，天上神仙穿的衣服，本來就不是用針線來縫製的，當然就沒有縫了。

　　‧「破釜沉舟」：語出《史記》，這是西楚霸王項羽的故事。「釜」是古代煮飯用的鍋。這是在秦朝末年，項羽率領部隊要去解救鉅鹿，當部隊渡過漳河以後，項羽命令把所有的船隻都鑿破，都沉到河底下去，再把飯鍋完全打碎，然後每個人只發給三天的乾糧就去上戰場，表示寧願戰死也絕不回來的決心。後

來經過九次的激烈戰鬥，項羽終於殲滅了秦國大軍。鉅鹿之戰過後，項羽也就成為當時各路諸侯的領袖。

・「草木皆兵」：語出《晉書》。東晉時代，前秦苻堅率領大軍（號稱百萬大軍）前來侵略，不料一時大意吃了一個敗仗，苻堅趕緊暫時休兵，不久，當他在等待大部隊全部到齊打算屆時再和晉軍決戰的時候，站在壽陰（今天安徽省壽縣）城上遠眺，看到晉軍軍容整齊，產生了畏懼之心，尤其是因為苻堅剛剛吃過敗仗，驚魂甫定，這時竟然把對面八公山上的草木也都看成是晉兵，不禁更加膽怯，並且還埋怨道：「晉軍的人數明明很多啊，之前是誰說晉兵很少的啊？」（他都忘了當初絕大部分的人根本都是反對他南征東晉的！）

當你寫文章想要用到成語的時候，一定要把這個成語的典故、意思以及適用的場合先弄清楚，千萬不能「望文生義」、「想當然爾」，就是說千萬不能只從字面上去判斷和猜測這個成

語是什麼意思，要不然的話是很容易鬧笑話的。

　　大部分的成語固然本來都是很好的比喻，但是，很多成語因為被用得太濫啦，所以讀起來就沒有感覺了。比方說，「光陰似箭」，時間一分一秒地過去，一去就永遠不會再回頭，就好像搭弓射箭，一旦射出，箭只可能往前飛，而且射出去之後也就是射出去了，絕不可能再往後飛，也不可能再飛回來（這又不是好萊塢，連子彈都還會轉彎！）；所以，把時間比喻成就像是射出去的箭，這本來是多麼精準且精彩的比喻呀，然而，現在當你看到有人形容「光陰似箭」的時候，你卻很難被打動，很難再產生什麼共鳴，為什麼呢？因為大家對這個比喻已經完全麻木了。

　　好的比喻，是非常非常重要的。比喻用得好、用得妙，不但會使文章大為增色，也會讓人在閱讀過後印象深刻，甚至會有一種拍案叫絕的感覺。那麼，如果不用成語，還能怎麼樣地來使用好的比喻呢？

　　千萬不要動不動就說——「這真是筆墨難以形容！」愈是難以形容，如果還能用一個很棒的比喻形容出來，那就是功力了。

怎麼樣才能做到善用比喻？有一個很重要的技巧，那就是——多多運用童話的思維！

我們不妨來看看一些小朋友所做的精彩比喻。

中國字千變萬化，字典裡就住著不少有趣的字，例如：形影不離的好兄弟——朋、林、競，戴假髮的安、完、定、宜、字，疊羅漢的森、磊、轟、鑫……（〈字典裡的新發現〉／賴宇辰）

「形影不離的好兄弟」、「戴假髮」、「疊羅漢」，就是一種童話思維，就是很可愛，也很傳神的比喻。

哥哥洗好把門打開，一陣熱呼呼的白煙沖了出來。哥哥笑嘻嘻地走出來，對我說：「你看！我像不像一個水煮蛋？」我聽了哈哈大笑，然後對他說：「很像，現在該換我

進去『煮』了。」（〈洗澡真舒服〉／莊家瑞）

把洗熱水澡比喻成是「煮水煮蛋」，充滿了童趣。

瞧著這動人的一幕，老奶奶的話語如一股甘泉流入我的心田，老奶奶的話不多，但富有哲理。（〈老奶奶讓座〉／江豔）

「如一股甘泉流入我的心田」，這是一個滿不錯的比喻，把聽到之後心裡那種舒服，又強烈認同的感覺都表達出來了。

天上的雲不斷變化，有的像蘑菇，有的像漂浮的雪山，有的時而像小鹿活蹦亂跳，時而又像隻玉兔活潑可愛，有的像隻貓熊文靜高雅，眨眼之間卻又隱去了。這雲，真是變化莫測。

中午，烏雲漸漸布滿了天空，淡一塊，濃一塊，就像一幅染色不勻的灰布，高山戴了雲帽，湖邊潮而熱，悶得發慌，一陣大風過後，黑壓壓的烏雲滾滾而來，雲層低得好像

能伸手摸到……。（〈夏天的雲多姿多彩〉／戴蓉蓉）

這是一篇抒情記敘文，主題就是描寫夏天的雲，可是全篇讀下來，之所以能讓讀者讀得有滋有味，感受到夏天的雲確實是「多姿多彩」，全靠小作者細膩的觀察，以及處處童話般的可愛想像。

春姑娘穿著綠色的運動裝，蹦蹦跳跳地來和辛苦了好幾個月的冬小姐換班了。春姑娘把她的綠帽子送給了大地，柳樹發芽了，小草伸出了腦袋，小花散發出芳香，天地間萬物都生機盎然。（〈三顆種子〉／陳怡）

把「春天」比喻為「春姑娘」很常見，可是在陳怡小朋友的筆下，這個春姑娘倒很像是小朋友，挺可愛的。

懸鈴木樹的闊葉儘管一片片地離開了樹枝，卻沒有枯黃，像一隻隻綠舟一樣，在空中盪來盪去，直到靜靜地躺下，遮住遍地的枯葉，為大地鋪上最後一張綠毯。（〈綠葉的

歌唱〉／李琪）

　　和前面所提的描寫夏天的雲以及春天剛剛來臨的文章一樣，怎麼樣才能使描寫大自然的作品讀起來非常生動和優美？多多運用童話的角度是一個非常討好的訣竅！

　　大家不妨多多留意，凡是比喻用得好的，整篇作品讀起來一定就會比較精彩。因此，練習童話寫作，不僅在寫的時候會很有趣，經常訓練童話思維，對於大家在寫記敘文、議論文的時候也會很有幫助。

2

愼選童話角色

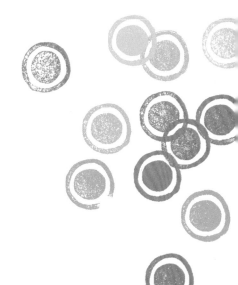

強尼戴普是我非常喜歡的演員，他主演的電影我幾乎都看過，儘管他在不同的電影中有不同的角色，可是幾乎每一個角色都會讓觀眾感覺到那個角色好像就該由他來演，若是換了另外一個演員就不會這麼合適。據說強尼戴普在拍《神鬼奇航》的時候，《祕窗》（Secret Window）一片的製片專程趕到加勒比海，懇請強尼戴普接下片中那個因妒而發狂的作家一角，他們說因為這個角色非他莫屬。

　　每一個人，都像是一本故事書。有的童話故事，非要某一個「演員」來扮演不可，譬如王爾德〈夜鶯與玫瑰〉中的夜鶯、安徒生〈小杉樹的一生〉中的小杉樹等等，但是也有的時候，當我們心中產生了一個故事的點子，這個故事卻並不是非要由「誰」來「演出」不可，那麼我們就必須好好地考慮一下，該用哪一個「演員」來演出這個故事？也許是小熊，也許是小花貓，也許是一個舊舊的洋娃娃……

　　我覺得在童話創作中，選角是非常重要的。有的時候如果選角欠佳，差不多從一開始就決定了作品的命運。

舉一個例子。我曾經看過一篇以蒼蠅做為主角的中篇童話，我覺得這樣的選角就不大高明。

　　講到「童話」，你會聯想到哪些詞彙？可愛、純真、幽默、誇張、暴笑、奇幻、魔幻、動人等等，是不是？那你覺得「蒼蠅」能讓讀者和以上這些詞彙聯想在一起嗎？畢竟我們一般人都不是法布爾（《昆蟲記》的作者），在法布爾的眼裡，沒有不可愛的昆蟲，所有昆蟲都是可愛的，但是你若問問一般人，有誰會覺得蒼蠅是可愛的呢？在我的閱讀經驗中，對蒼蠅最有好感的一次，是看到有一個小朋友把蜜蜂比喻成是「一個穿著毛衣的蒼蠅」，除此之外，蒼蠅實在很難讓人產生童話般諸多美好的聯想。

　　更何況如果是字數比較長的童話作品，我覺得由蒼蠅來擔任主角就更不合適了，如果是一篇一、兩百字的寓言或是迷你童話也許還行得通。

　　我不明白作者為什麼要選擇蒼蠅做為故事的主角，而且還是一篇六、七千字童話的主角，我猜多半是為了想要表現環保的主

題吧，所以故事背景也動不動就是在垃圾堆上演，天啊，想像一下那樣的畫面，有什麼趣味啊，怎麼能吸引人啊？再加上環保的主題又表現得比較生硬，那整篇作品就更沒有什麼可說的了。

當然，假如作者能夠把一個原本不討喜的寫得很討喜，那會是一大成功，就好像大陸作家湯素蘭《笨狼的故事》系列，就把古典童話中的狼做了一番清新可喜的詮釋。

要如何替童話故事選角？首先當然是要配合故事。當你有了一個點子，你就得像製片人一樣，去尋找最適合也最能表現這個點子的動物、植物或玩具等等。

有一年，我帶著小孩在日本富士山附近泡溫泉，一看到日本人把溫泉寫做「湯」，我就覺得很有趣，當我看到旁邊一個婦人泡得皮膚都皺巴巴的可是還沒有要起來的意思時，我突然在想，要是有一個動物在泡溫泉的時候把身上的花紋都泡沒了，那會怎麼樣？然後我又想，一個動物泡湯不夠熱鬧，乾脆找三個身

上都有花紋的動物來一起泡湯吧，於是我選擇讓老虎、斑馬和金錢豹來擔任主角，讓他們三個在泡湯的時候，身上的斑紋會跑來跑去，老虎的班紋跑到斑馬身上，斑馬身上的班紋跑到金錢豹身上，金錢豹的斑紋又跑到老虎身上……，這個短篇童話就是〈奇幻溫泉〉。

奇幻溫泉　　　管家琪

「『湯』是什麼意思啊？」老虎問。

「真奇怪，」斑馬說，「報上不是說是什麼溫泉嗎？怎麼這個招牌上只寫了一個『湯』字呢？」

「地址沒搞錯吧？」老虎又問。

老虎和斑馬看著面前一塊嶄新的大招牌，歪著頭，仔細研究。他們都是因為看到報上「奇幻溫泉新開幕」的廣告，於是興

致勃勃地抱了毛巾，想要嘗試一下新鮮的經驗。可是這會兒，連招牌都看不懂，兩人就不敢進去了。

「嘿！怎麼傻愣愣地站在這裡？快進去啊！」金錢豹剛巧也來了。他手上抱著毛巾，一看就知道也是要來泡溫泉的。

「我們正在研究什麼叫做『湯』。」老虎說。

「哎喲，你們這兩個老土！」金錢豹大笑，「『湯』就是溫泉嘛。」

斑馬有點懷疑：「你是說──這裡就是『奇幻溫泉』？」

「對啦！不會錯的。」金錢豹說完，就先領頭進去了。

不一會兒，三個人全部泡在「奇幻溫泉」裡。

他們全都假裝閉目養神，專心享受溫泉，其實，心中都在不約而同地窮嘟嚷：「唉！好擠喲！要是現在就我一個人享受的話，該有多好！」

除了擠，泡溫泉的感覺倒是挺不錯。廣告上說，泡「奇幻溫泉」會讓人覺得「身心舒暢，從頭到腳煥然一新」，果然是真的。

過了好久，老虎泡夠了，站起來說：「我要先走一步，你們慢慢泡──哎呀！」

　　老虎突然尖叫起來，嚇得斑馬和金錢豹趕緊睜開眼睛，想知道是怎麼回事。天啊！這真是非同小可，老虎居然變成光溜溜的，身上的斑紋統統都不見了！

　　「嘩！」斑馬和金錢豹也立刻跳起來──不得了，他們身上的斑紋也不見了！

　　「怎麼辦？」老虎哭喪著臉，「我的寶貝花紋哪！」

　　「我看，咱們繼續泡泡看，也許待會兒又會有變化。」金錢豹說。

　　「好主意。」斑馬附和。

　　於是三個人又擠在一起，緊張兮兮地泡在溫泉裡。

　　過了好久，他們站起來一看──這回，斑馬的斑紋跑到金錢豹身上，金錢豹的斑紋跑到老虎身上，老虎的斑紋則跑到斑馬身上了。

　　不行，再泡！

又泡了半天，金錢豹的身上長了老虎的斑紋，老虎身上……

他們就這樣從早上泡到下午，再從下午泡到晚上。三個人都不喜歡「從頭到腳煥然一新」的改變，都想找回自己原來的斑紋。

現在，他們倒是不覺得擠了，只想一起泡回自己的花紋。

就在他們泡得頭暈眼花、眼淚都快掉下來的時候，奇蹟出現了！三個愁眉苦臉的傢伙終於又奇蹟般地找回了自己的斑紋。

他們把這個神奇又可怕的經驗，寫在「客戶意見調查表」上，希望「奇幻溫泉」的老闆設法改進。

從此，「奇幻溫泉」就有了「老虎湯」、「斑馬湯」、「金錢豹湯」，還有「鱷魚湯」、「烏龜湯」、「梅花鹿湯」……總之，不再是「一鍋湯」了。

其實，身上有斑紋的動物當然不止老虎、斑馬和金錢豹這三種，長頸鹿、乳牛、梅花鹿等等，身上不是也有花紋嗎？可是當我在腦海裡把這些動物統統都先找來一起「試泡」（猶如拍戲前

要先找一大堆演員來「試鏡」）一下，就覺得還是由老虎、斑馬和金錢豹來「聯合主演」，效果會最好。

是的，其實選角合不合適，就看你在下筆之前能不能先想像得出那個畫面；然而，很多作者的問題恰恰就是當他們無論是在構思或是已經開始寫作的時候，腦海中的畫面往往是很模糊的。

有的時候，點子一來，主角的形象就會同時在腦海中浮現。但是，一篇作品只有一個主角當然是不夠的，往往還需要幾個配角，甚至路人甲、路人乙。我們對於每一個角色都應該仔細挑選。

我也曾經看過一篇其實還頗有可取之處的童話作品，但是由於其中一個角色的選角非常不恰當，結果破壞了整篇作品的表現。這個故事中的每一個角色都是人類，中間卻偏偏夾雜著一個白兔先生，讀起來非常突兀。因為，白兔先生一點也不像白兔，他的言行舉止根本就是一個人類，就好像遊樂園中穿戴著動物頭套行頭的人一樣，而且在那樣一個全部都是人類的故事中，為什麼會有一隻白兔也毫無道理，他甚至也不是因為被施了什麼魔

法，所以才會變成白兔的模樣。作者為什麼會做這樣的安排？我猜可能是因為作者寫著寫著覺得自己的作品不大像童話（確實不像），所以就非常生硬地硬塞了一隻白兔進去。

我自己也有過這樣的問題。在〈捉拿古奇颱風〉這篇作品裡，主要角色是一個颱風精靈和她的家人，還有一個氣象播報員，我把氣象播報員設定成是一隻野豬，名叫阿貴。已故兒童文學界前輩林鍾隆先生當年曾經寫過一篇文章批評過這篇作品，在林先生的意見中，有一個意見我完全接受，那就是林先生質疑「阿貴到底是人還是豬？」是啊，我自己也覺得我沒有把阿貴這個角色處理好，我只是任性地喜歡野豬這個形象，卻沒能好好發揮野豬的特性，再加上阿貴的「老闆」雖然只是一個小配角，可是我對這個「老闆」到底是啥模樣、到底是人還是動物，居然一點也沒有著墨，這就連帶使得阿貴的形象也更加模糊。

角色選定，要開始讓他演戲的時候，還要注意不要讓他去

做一些太勉強的事。在我早期有一篇童話，叫做〈香菇的故鄉〉（這是我所寫的第二篇童話作品），由於我看到一款香菇造型的檯燈，很喜歡，就寫了一個香菇燈小威的故事。我覺得前面也還好，但是後面因為劇情需要必須讓小威去見見真正的香菇，並且讓他知道自己的模樣是按照真實的香菇而來時，就不妙了，我是這麼寫的：

他從竹籬笆邊跑過去，拐了一個彎，正想繼續向前奔，突然……

哎，後來再讀，我真的覺得——一個檯燈居然能跑能奔能拐彎，實在是太彆扭了！按故事發展，小威最後當然是一定要見到香菇，但是怎麼見，應該有更好的安排。

想想在迪士尼的〈美女與野獸〉中，看到茶壺媽媽移動起來的感覺也挺彆扭的，我想就是因為這些用品基本上都很難產生一種可移動的感覺吧。這或許也可以說明為什麼在童話作品中（尤

其是中長篇童話），主角仍然大多是動物，要不然就是精靈之類的，這其實不是老套，而是有一定的道理。

●　　　　　●　　　　　●　　　　　●

此外，當故事中主要角色出現的時候，最好都要特別地描述一下，增加這個角色在讀者心目中的印象，使讀者能夠看到一個清晰的畫面。就好像在畫漫畫、拍電影的時候，對於主要人物也都要特別注重造型設計一樣。

我們就以〈綠野仙蹤〉（萊曼・法蘭克・鮑姆／著）中的幾個主要角色，來看看這些人物出場的時候，都經過了哪些「設計」：

桃樂絲用手托著下巴，凝視著稻草人。他的頭是一個塞滿了稻草的小口袋，上面畫著眼睛、鼻子和嘴巴。頭上是一頂破舊的藍色尖頂帽子，身上穿一件褪了色的藍色衣服，身體裡也塞滿了稻草。腳上是一雙藍布面的舊鞋子。他的背部

插著一根竹竿，被高高掛起。

這是稻草人剛出場的段落。

　　他們穿過樹林沒走幾步，桃樂絲發現有什麼東西反射出
太陽的光來，照射在樹林裡。她跑過去一看，突然停住，吃
驚地叫起來。原來有一棵大樹，一部分被砍去了，在樹旁邊
有一個用鐵皮做的人。他的手裡高舉著一把斧頭。他的頭、
手臂、腿腳，都連接在他的身上，但是他一動也不動地站
著。

這是鐵皮人出場的段落。他之所以一動也不動，是因為他生
鏽了。

　　至於桃樂絲和獅子出場的時候，作者鮑姆雖然沒有刻意設計
他們的外表，但是卻用聲音——一個是用笑聲，一個是用對話，

來突出他們的性格，這也是非常高明的人物設計。

桃樂絲是一個孤兒，當她第一次見到愛姆嬸嬸時，嬸嬸被這女孩子的笑聲嚇了一跳。桃樂絲總能從不同的東西上尋找到快樂，每次嬸嬸聽到她快樂的聲音，總是感到很驚訝。

就這麼短短的幾行，桃樂絲樂觀開朗的性格就已經被勾勒出來了。首先，經常會開懷大笑，甚至笑聲能把人嚇一跳的人總是比較樂觀開朗的，再加上桃樂絲是一個孤兒，在一般人的觀念裡，孤兒總是不幸的、是可憐的，可是桃樂絲這個小女孩卻沒有因為坎坷的身世，而失去她「總能從不同的東西上尋找到快樂」的能力，這麼一來，她性格中的樂觀和開朗就更加地明顯了。

……獅子說：「這是一隻什麼小動物？」

桃樂絲回答說：「牠是我的狗，名叫托托。」

獅子問：「牠是鐵皮做的，還是稻草做的？」

桃樂絲說：「都不是，牠是一隻有血有肉的狗。」

「牠是一隻稀奇的動物，牠體型太小了。只有像我這樣的膽小鬼，才會想去咬這樣的一個小動物。」獅子傷心地說。

「你為什麼這麼膽小？」桃樂絲驚奇地注視著這隻大野獸。

「這是個祕密，」獅子回答說，「我想我生下來就是這樣的。樹林中所有的野獸，都以為我很勇敢，因為不論在哪兒，獅子都被稱為『百獸之王』。我的叫聲很大，動物們都會害怕。我害怕人，但只要我對人吼叫，人就會逃走了。如果是象、老虎和熊這些大動物要和我挑戰，那我自己就逃走了。我是個膽小鬼，可其他動物們一聽到我的吼叫，便逃走了，我只能看著他們逃走。」

「百獸之王不應該是個膽小鬼。」稻草人說。

「我知道，」獅子回答說，他用尾巴擦去一滴眼淚，「這是我最大的煩惱，每當我遇到危險，就會心跳加速。」

你瞧，作者鮑姆並沒有描述獅子的體型有多大，毛又有多漂亮，但是因為在以往絕大多數的故事中，獅子都是百獸之王，現在他塑造了一個膽小的獅子，這本身就已經是一個很特別、讓人會眼睛為之一亮的設計了。

　　總之，在做角色設計的時候，不一定非要把這個角色從頭描述到腳，更不要千篇一律都是「一雙水汪汪的眼睛」、「一雙會說話的眼睛」，而可以從聲音、表情、動作等等各方面來下功夫，盡可能生動簡潔地讓一個角色彷彿活生生地站在讀者的面前，然後再開始「演戲」。

3

用「物性」來
增加童話味

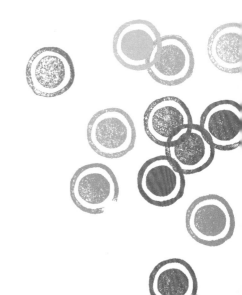

所謂「物性」，就是說每一種生物與生俱來的一些特有的生態習性。比方說，小馬出生沒多久就會搖搖晃晃地站起來；牛有四個胃；熊要多眠；海獺很會築水壩等等。

　　寫童話，最困難的就是要如何寫出童話味；那麼，該如何經營童話味？我覺得如果能夠多多強調和運用一下「物性」，往往會有很好的效果。

　　不過，在談「物性」之前，我們還是必須先談談「擬人化」。這是童話寫作最基本也最重要的技巧。

　　所謂「擬人化」，就是說把所有的動植物、各式各樣的物品，甚至大自然，也就是在我們人類以外的一切萬事萬物，都把他們或它們想像成是像我們人類一樣，不但也會說人話，也擁有人類的思維，具備一定的常識，這就是擬人化。

　　其實也就是用我們人類的想法，去揣摩和想像其他生物或是物品、大自然的「想法」。舉一個例子，科學家的研究說，當狗狗在遭到主人責備的時候，往往都會把腦袋垂下來，在我們看來，狗狗似乎是感到很慚愧，而我們之所以會覺得狗狗看起來好

像很慚愧，是因為當我們在挨罵的時候，往往也會垂頭喪氣，或者很慚愧，也就是說，我們是按照人類的思維、情緒、反應等等而去看待其他的萬事萬物，這就是「擬人化」，就是一種童話的想像；實際上，經過科學家的研究，狗狗在挨罵的時候低垂著耳朵和腦袋，其實只是一種本能反應，根本談不上慚愧！

用擬人化的方式去看待其他的生物，我們很自然地也會「以貌取人」，從其他生物的外表去賦予他（她）或它某種特質和性格。我看過一篇科普文章，說其實貓頭鷹未必就真的比其他的鳥要聰明，但是因為貓頭鷹長著一張類似人類的臉（你瞧，其他鳥類的兩個眼睛都是長在兩側，但是貓頭鷹的兩個眼睛卻是長在同一面上，看起來確實是很像一張人類的臉），所以我們才會總覺得貓頭鷹很聰明。

按同樣的道理，在很多古典童話中，很多動物的性格與特質幾乎都是非常固定，比方說，講到狐狸，你會想到哪一個形容詞？恐怕很多人都會想到「狡猾」吧！

狐狸之所以會被「認定」是狡猾（至少是經常扮演著一個狡

猾的角色），其實在很大的程度上就是跟狐狸的模樣有關。狐狸看上去就是很聰明的感覺，好像總是在動腦筋；狐狸又很漂亮，所以在一些靈異故事中（譬如中國古典小說《聊齋誌異》中），狐狸又成了會害人的「狐狸精」。

關於描述狐狸狡猾（或是聰明）的故事真是滿坑滿谷。譬如下面三個很有代表性的故事。

| 故事欣賞 |

狐狸和山羊 （取材自《伊索寓言》）　　　管家琪／改寫

有一隻狐狸，不小心掉進了一口井裡。他努力了半天，怎麼也爬不上去。不過，狐狸並不驚慌，他就耐心地待在那裡。

不久，有一隻口渴的山羊來到了井邊。

「喂，這裡的水好喝嗎？」

狐狸立刻心生一計。

「好喝極了！」狐狸大加讚美道：「我還從來沒有喝過這麼好喝的水呢，你快下來跟我一起喝吧！」

這個時候，山羊一心只想止渴，聽到狐狸這麼說，也沒多想什麼，馬上就真的跳了下去，大喝特喝。

不一會兒，等山羊喝飽了，這才想到一個很麻煩的問題。

「糟糕，我們該怎麼上去啊？」山羊說。

狐狸看起來倒一點也不著急，他說：「老兄，別著急，我早就想到一個好辦法了。」

什麼好辦法呢？狐狸說：「只要我們倆合作，我們很快就可以離開這裡。哪，你呢，先用兩條腿趴住井壁，然後讓你的犄角垂下來，這樣我就可以先順著你的背往上爬，等我爬出去了以後，我再來救你。」

山羊覺得這個辦法好像行得通，再加上他也想不出什麼更好的辦法，於是就乖乖地照做了。

於是，狐狸很快就爬出了這口井。

「好啦，再見啦，我要走了，」狐狸說：「謝謝你啦。」

山羊看到狐狸要走，急著叫道：「喂！那我怎麼辦？我還沒出去啊！」

　　「你？」狐狸笑道：「你自己想辦法吧！」

　　「啊！你這個人怎麼這樣啊！」山羊氣急敗壞地大罵道：「你這個不講信用的騙子！沒有道義的小人！」

　　狐狸不以為意地說：「老兄，如果你的聰明才智跟你的鬍鬚一樣多，你就應該先想好待會兒要怎麼出來才跳下去啊。」

　　說完，狐狸就走了。留下山羊只能繼續在井底大罵不已。

狐狸和貓（取材自《格林童話》）　　　　管家琪／改寫

有一隻母貓在森林裡遇見了一隻狐狸。

母貓滿臉堆著笑容，熱情地跟狐狸打招呼：「您好！親愛的狐狸先生，您的身體好嗎？心情好嗎？您最近過得怎麼樣？」

這隻狐狸呢，傲慢得很，他把母貓從頭到腳打量了半天，考慮了好一會兒還是拿不定主意要不要跟母貓說話，好像跟母貓說話是一件非常有失身分的事。最後，狐狸終於說：「哎呀，妳這個只知道抹鬍子的可憐蟲，妳這個花皮傻子，妳這個整天追趕老鼠的餓死鬼，妳有什麼資格問我過得怎麼樣？我問妳，妳都學過些什麼？妳會多少本領？」

「我只會一種本領。」母貓非常謙虛地回答。

「那又是什麼樣的本領呢？」狐狸問。

「就是如果有狗來追我的時候，我會趕快跳到樹上逃命。」

「就這麼一招啊，」狐狸不屑地說：「我可是精通一百種本領，除此之外，我還有滿滿一口袋的計謀哩！我看妳還是跟著我，就算是我可憐可憐妳，我會教教妳碰到有人追捕的時候該怎麼逃生……」

　　正說著，一個獵人帶著四條獵犬往他們這裡來了。母貓一看，馬上敏捷地跳到樹上，還迅速往上爬，幾乎一下子就爬到了樹頂，藏在枝葉之間。

　　「狐狸先生，快打開口袋！」母貓在樹上喊著：「快打開您的口袋啊！」

　　然而，說時遲、那時快，四條獵犬轉眼就已緊緊抓住了狐狸。

　　「唉！」母貓在樹上感嘆道：「狐狸先生，您有一百種本領和滿滿一口袋的計謀，怎麼還是逃脫不了厄運啊，要是您也能像我一樣擅長爬樹不就好了嗎？」

　　（在這個故事中，狐狸這個角色最強烈的特徵雖然還不是「狡猾」而是「傲慢」，但是所謂「一百種本領」、「一口袋的計謀」，都還是用來表現狐狸的聰明。）

列那偷魚（取材自《列那狐》）　　　管家琪／改寫

狐狸列那，帶著妻子和兩隻小狐狸住在一棟破舊無人的城堡裡。

在冬天中的某一天，妻子用非常溫柔的口氣對列那說：「親愛的，我們已經吃了好幾天的胡蘿蔔啦，要是再給兩個小鬼吃胡蘿蔔，他們可能會忘了自己是狐狸，而以為自己是兔子了，何況，家裡也只剩下最後幾根胡蘿蔔了，從明天開始我們全家恐怕就得挨餓了……」

「好啦，知道了啦，」列那滿心不情願地站起來，嘀咕道：「我出去碰碰運氣就是，只是，這該死的天氣，這麼冷，我實在沒有把握能夠找到什麼好的食物。」

「沒關係，只要能夠充飢就好。」妻子說。（畢竟狐狸是肉食動物啊。）

列那慢吞吞地往外走，這時，妻子又溫柔地補上一句：「你就盡力而為吧，我們都相信你會盡力的。我們等你回來。」

列那嘆了一口氣。實在不能再推託了，再推託就太有損一家之主的顏面，也太有失一家之主的責任了。

列那離開城堡，寒風迎面而來，害他冷得直打顫。他慢慢地踱出樹林，心煩氣躁地想著：「我最討厭冬天了！這麼冷，該上哪裡去弄點像樣的食物啊？」

他不知不覺來到一條三岔路口，一時拿不定主意該朝哪一條路走，就坐下來發愁。

就在一陣冷風又撲面而來的時候——咦？忽然，列那一下子精神大振，趕緊用力又猛嗅了好幾下——沒錯！空氣中真的有一種生魚的味道！生魚！太好了！

方才還有些情緒低落的列那，一下子立刻精神抖擻起來。就在這時，他已經聽到一陣車輪滾動的聲音，很快地他就看到遠方出現了一輛貨車，車上有兩個人。

列那相信車上一定裝滿了鮮魚。他沒有時間再多想；事實上

也不用再多想，因為就在這短短的一刹那之間，列那腦筋一轉，已經想到了一個好主意。

他立刻就地一躺——馬上裝死！

列那清楚地聽到貨車行進的聲音愈來愈大，生魚的鮮味也愈來愈濃，他知道這表示貨車愈來愈接近了。

列那耐住性子，沉住氣，動也不動，看起來還真像一隻死狐狸。

「喂，你看，那是什麼？」果然，貨車上的一個魚販注意到他了。

另一個魚販說：「不知道，我們停下來看看。」

兩個魚販停下來，下車一看——

「哎呀！太好了！是一隻死狐狸！」一個魚販高興地叫起來。

另一個有些懷疑地問道：「真的死了嗎？我聽說狐狸都是很狡猾的！」

「死了啦，哈哈！你看！」第一個魚販把列那弄來弄去，弄

得列那好癢，但他硬是緊閉雙眼，渾身軟綿綿的，真的跟死了沒兩樣。

終於，第二個魚販也相信這是一隻死狐狸了，非常高興，「哈哈！真的是死的！我們的運氣太好了！瞧這一身皮毛有多漂亮，一定可以賣到一個好價錢！」

他們興高采烈地把列那拋上車，就拋在那幾筐生魚上面。

兩個魚販再度出發。就在他們熱烈討論今天的大豐收，以及隆隆的車聲中，他們怎麼也想不到，那隻「死狐狸」竟然就坐在後頭開始大吃特吃起來了！

列那痛痛快快地飽餐了一頓，然後開始想辦法該怎麼把這麼多美味的食物帶回去。這一點也難不倒他，他很快就有了一個好主意。

列那利用車上的繩索，把生魚一條一條地串起來，就像是在做「生魚項鍊」似的。等他做好了三條「生魚項鍊」之後，他把牠們統統套在自己的脖子上，然後才拍拍兩個魚販的肩膀，說了一聲「謝謝你們的魚」之後，就輕巧地跳下車，並且很快就消失

在樹林裡。

　　兩個倒楣的魚販望著列那迅速消失的背影，大罵不已，懊惱著實在不應該輕信狡猾的狐狸，但是，現在後悔已經來不及了！

　　也許是狐狸「狡猾」的特質太深入人心了，所以很多小朋友在寫到狐狸的時候，好像也很自然的就會把狐狸設想成是一種狡猾的動物。譬如這一篇作品：

| 故事欣賞 |

狡猾的狐狸　　　朱均銳（三年級）

　　有一天，一隻非常狡猾的狐狸肚子餓了。他看見一戶人家外面有個鐵籠，鐵籠裡有隻雞，鐵籠旁邊有條狗。這時，狐狸看見那隻狗愁眉苦臉的，於是狐狸就問：「狗大哥，你怎麼啦？」

狗說：「我肚子餓了，只是偷吃了一點黃油，我就被主人打了一頓。」

狐狸說：「那不如我們做一個交易怎麼樣？」

狗說：「好的。」

狐狸說：「你把那隻雞給我，我把雞骨頭給你，這樣雞就不是你偷吃的。」狐狸拿到了那隻雞，狗雖然拿到了骨頭，不過主人一起來的時候看見雞不見了，認為一定是被狗弄哪去了，主人就把那隻狗給打死了。

所以人們就說狐狸是最狡猾的動物。

管阿姨賞析

　　這是一篇很「伊索寓言」風格的作品。因為狐狸狡猾，而為了襯托狐狸的狡猾，往往就得讓另外一個角色倒楣，譬如在這個故事中的狗，就是做了狐狸的替死鬼。也可以說，在這個故事中，做為襯托功能的狗是非倒楣不可（倒不一定是非死不可），因為，狗如果不倒楣就不能顯出狐狸的狡猾。在《伊索寓言》中，符合這樣「公式」（或者是「規律」）的故事真是滿坑滿谷。均銳小朋友雖然才三年級，但或許就是因為看多了類似《伊索寓言》這樣的故事，所以把這個公式（和規律）掌握得相當嫻熟。

就好像凡事都是一體兩面一樣，「擬人化」是童話創作最基本、最賴以維繫的技巧，甚至可以說如果沒有擬人化，就根本不可能有童話，可是大家也要注意，如果是過分的擬人化，也一定會毀掉一篇童話。

　　所有創作都必然是植根於真實的生活，這是無庸置疑的，童話創作當然也是一樣，可是我認為在童話創作中，所有真實的部分，都應該有所節制，並且在表現手法上都不應該過於直接。比方說，作者對真實人生的種種感悟，對現實環境的諸多擔憂、不滿和批評（譬如現在已經氾濫成災的有關環保問題的童話）、對許多知識的植入（譬如科學童話）等等，這些真實的部分如果處理得好，如果能夠融入得非常生動且巧妙，當然很能增加作品的深度，可是如果處理得不好，就會是一場災難。

　　假設現在寫幾頭熊在一處風景優美的地方野餐，或是松鼠和白兔在一棟漂亮的小屋裡喝下午茶，「野餐」和「下午茶」都

是真實的部分，想像一下那樣的畫面，我覺得這樣的真實是可以接受的，如果能碰到一位優秀的插畫家來為你插畫，還很有可能呈現出一幅相當可愛的畫面，可是如果那幾頭熊、那隻松鼠和那隻白兔，一開口居然都在一本正經地大談政治、經濟和環保等議題，也許不時還穿插一些時下流行的時髦用語，那就無論如何也童話不起來了，這樣的真實就未免太過沉重，也太殺風景，會嚴重破壞一種童話的感覺。

所謂童話，並不是讓幾個動物，或是一些無生命的東西，譬如小花、小草、玩具、日用品等等聚在一起說說話，這樣就可以叫做「童話」。我認為童話創作應該格外講求要非常有技巧地遊走於真實和想像之間，所以，在運用和處理那些真實部分的時候，最好不要明說，而是能夠透過一些暗示，讓讀者自己去心領神會。就算讀者聯想不到那些真實的部分，也不會減損作品本身的精彩。

舉一個例子。〈口水龍〉這一篇是我早期的作品，精確地說是我第三篇童話，寫了這篇作品之後我才確定自己還是有當作家的可能。這篇作品的靈感，是在我大兒子四個月大，因為快要長牙，口水流個不停的自然現象而來，我寫的是一個恐龍寶寶，由於突然會拚命地流口水，再由此引發的故事。讀者在看完〈口水龍〉之後，有沒有聯想到「孩子們在長牙之前都會一直流口水」，一點也不重要。（這就是「物性」，因為這是人類小寶寶在成長發育過程中必然會有的一個現象；想想看，原來每個人都曾經是一個「口水龍」哪。）

　　從事童話創作多年，反觀那些我自己覺得寫得比較失敗的作品，檢討一下，我覺得其中最大的問題往往就是，本來不是人的角色卻都寫得太像人了，他們不僅說的是人話，所關心的也是真實人類社會中的事，這就是過度擬人化的結果，當然會大大破壞了應有的童話味。

　　由真實的人來「冒充」動物或玩具之類已經很糟糕了，更要命的是萬一「冒充者」還是一個乏味的大人，那這樣的所謂童話

就簡直更沒辦法看了。

簡單來說，我覺得童話非常需要一種童趣。童趣飽滿的作品，通常童話味就會比較濃。

其實，也不僅是童話需要童趣，應該說在整個兒童文學中，童趣都是影響作品成敗一個至關重要的元素，這也是兒童文學有別於成人文學的地方。不過，所謂童趣，並不是非要滑稽搞笑，老實說，有些所謂的「搞笑」就好像是看到老萊子在地上打滾撒嬌一樣，讀者能笑得出來才怪。我覺得如果能夠非常自然地呈現出孩子們身上的某些特質，能夠讓讀者會心一笑，再由衷地說一聲「好可愛喔！」這才是一種高明的童趣。

說起來好像很抽象，具體而言，我想如果能夠巧妙地運用「物性」，就是充分運用每一種動植物、每一個東西的特性，對於加強童趣以及增加作品的童話味是很有幫助的。

以下就舉幾篇我自己的作品來作為說明。

阿　普　　管家琪

有一隻小企鵝，名叫阿普，做事總喜歡拖拖拉拉。

早上，太陽已經曬到屁股了，媽媽催他起床，他說：「等一下！」

下午，媽媽要他把玩過的玩具收起來，他也說：「等一下！」

到了夜晚，明明已經很睏了，媽媽催他趕快刷牙洗臉，準備睡覺，他還是說：「等一下！」

不過，除了拖拖拉拉之外，阿普當然還是有優點；譬如，他很會唱歌，他甚至認為，這是他出人頭地的最大本錢。

這一陣子，大家都非常忙碌，因為歌唱大賽馬上就要開始了，獲得冠軍的人將有機會在企鵝公主的生日宴會上表演，大家都希望能爭取這個榮譽。不用說，阿普也報名了，而且出人意料

地很早就辦好了報名手續，沒有拖拖拉拉。

好不容易盼到了比賽的日子，阿普被安排的表演時間是在下午六點鐘。

三點的時候，媽媽提醒阿普：「你是不是該開始準備了？」

阿普說：「等一下，還早哪！」他忽然被一本圖畫書吸引了。

四點鐘，媽媽又說：「我把你的禮服燙好了，一件黑的，一件白的，趕快穿起來吧！」

阿普還是說：「不急，等一下！」他還在挑領結，不能決定該戴紅的還是黑的。

最後，媽媽氣急敗壞地大叫：「阿普！真的來不及了！已經五點了，你還不趕快準備！」

「什麼？已經五點了！」阿普嚇得跳起來，懊惱地說：「怎麼不早告訴我！」他匆匆忙忙地穿上禮服，慌慌張張地衝出去，沒聽到媽媽正跟在後面緊張兮兮地想叫住他：「等一下！阿普，你……」

當他趕到會場，時鐘剛好敲過六點，樂隊已經開始在演奏他想唱的歌，阿普稍微調整一下領結，深深吸了一口氣，就胸有成竹地上場了。

奇怪的是，他一出場，就立刻引起一陣哄堂大笑，而且每一個人都是笑得東倒西歪、上氣不接下氣。

「什麼事這麼好笑？」阿普下意識地低頭看看自己，立刻就明白了。天啊！他在匆忙之間竟然把兩件禮服的次序給穿反了！別人都是先穿白禮服，露出一個雪白的肚皮，再套上黑禮服，拉出一個精神抖擻的黑亮背脊；此刻，他卻肚皮黑得像煤炭，背脊白得像雪花，可笑極了。

「等一下！」阿普轉身衝進後臺，想把禮服重穿一次。可是，等候比賽的企鵝那麼多，別人怎麼肯等他，阿普縱然有再美妙的歌聲，還是被判「棄權」，失去角逐冠軍的機會。

不過，換一個角度來看的話，阿普這天還是相當出風頭的；因為事隔多年，大家仍會不時津津樂道，曾經看過一隻黑白顛倒的滑稽企鵝。

管阿姨的創作心得分享

　　我覺得企鵝的樣子很可愛，皇帝企鵝看起來更是活像一個穿著禮服的紳士。有一天，我突發奇想，如果有一隻企鵝，一黑一白的地方完全是顛倒的，和一般的企鵝都不一樣，那會是什麼樣子？一定很有趣！接下來，我就要設計這隻企鵝到底是在什麼樣的情況之下，才會變成一黑一白的完全顛倒？想呀想呀，於是我就寫了一個喜歡拖拖拉拉的小企鵝阿普，一次忙中有錯把黑白兩件禮服的次序穿反的故事。

泰山要尖叫　　管家琪

一群猴子在叢林裡意外撿到一個襁褓中的小男孩。

「太好了！」猴子們興奮得吱吱亂叫，「我們可以按照《泰山培養手冊》來照顧他，等他將來長大了，變成泰山，那就太棒了！」

《泰山培養手冊》是猴子們的祖先所傳下來的，裡頭詳細記載著如何培養泰山的經過，包括如何利用樹葉替小泰山做小褲褲（等泰山長大，他就會自己做了）。

這一本珍貴的手冊，已經流傳了好幾代，每一代的猴子都很希望能夠有機會實踐這本手冊，培養一個出色的泰山。問題是，「搞丟的小男孩」非常缺乏，再也不曾出現；現在，終於出現了，怎麼能不教猴子們興奮呢！

於是，猴子們按照手冊上的種種指示，盡心盡力地照顧這個

小男孩，把他養得白白胖胖，人見人愛。

時間過得很快，一晃就過了十三年。男孩長得好極了，和猴子們也相處得非常愉快；而猴子們只要看到活潑健壯的男孩，整天在叢林裡抓著樹枝藤條盪來盪去，也都感覺到無比的欣慰。只是——有一件說大不大，說小不小的事，實在是不大對勁兒。

這天，猴子長老終於憋不住了，忍不住問大家：「你們有沒有覺得，他的聲音——實在是太細、太秀氣了。泰山的聲音好像應該要粗獷一點。」

沒想到大家早有同感，只是一直不好意思說罷了，現在既然老大主動提起，當然立刻爭先恐後地發表感想。

「是啊，我也老早就覺得咱們的泰山什麼都好，就是嗓門太細。」

「他太斯文了，斯文的泰山是不會被擁戴做『森林王子』的。」

大家討論了半天，決定先讓泰山練習放大音量。

「該怎麼樣放大音量呢？」泰山虛心地問。

「就是──就是──對了，就是尖叫嘛！」猴子老大靈機一動，肯定地說，「我要你練習大聲尖叫！」

「尖叫？」泰山有點懂了，「你的意思是，像我上回踩到你尾巴時你那種叫法？」

泰山信心十足地先憋足氣，然後扯開嗓門──放聲尖叫！

「怎麼樣？」泰山對自己的叫聲似乎很滿意。

猴子們卻面面相覷，不知該說些什麼才好。最後，還是猴子老大老實地說：「不行，你叫得太慘了！泰山的叫聲不但要大，還要很威風，很粗獷，不能這麼慘，你再試試看。」

泰山不懂什麼叫做「威風」和「粗獷」，他試了又試，猴子們就是不滿意，叫到後來，泰山簡直要哭了。

「我不會啦，」泰山哭腔哭調地說，「我的尖叫就是這樣嘛！」

猴子們也不忍心太苛責他。猴子老大說：「好吧，我們知道你已經盡力了，這樣吧，我們去請教高明人士好了。」

他們帶泰山去請教獅子、大黑熊、金錢豹、土狼……這些

「高明人士」也都非常好心地傾囊相授，盡可能協助泰山揣摩什麼叫做「威風」和「粗獷」。

泰山辛苦地叫了又叫，練習了又練習，令人喪氣的是，情況始終沒有「改善」，甚至——反而還要更糟！

大家赫然發現，泰山的聲音竟然變成像鴨子叫似的，又粗又難聽！

「怎麼會愈練愈糟？」猴子們都憂心忡忡，經過反覆討論，終於一致決定：「算了，不要練了，順其自然吧。不管他的聲音多細或多難聽，也不管他能不能做『森林王子』，他永遠都是我們心目中的泰山。」

說也奇怪，「順其自然」之後，又過了一段時間，泰山的聲音忽然自動變了，變得非常成熟、渾厚且低沉。現在，每當他在樹林間一邊「啊——」、一邊盪來盪去，大家都覺得他的叫聲又威風又粗獷，完全是一個泰山應該有的叫聲。

「這到底是怎麼回事？」猴子們雖然有些納悶，但是——管他的，反正問題總算是解決了。

猴子們不知道，其實根本就沒有什麼「問題」。因為，泰山是男孩子，男孩子長到十幾歲的時候，本來就是會「變音」的嘛！

 管阿姨的創作心得分享

　　一群猴子撫養了一個小男孩，希望他成為泰山，男孩慢慢長大，什麼都好，就是聲音太細、太秀氣，猴子們不知道男孩到了青春期都會變聲，所以都十分煩惱，還一個勁兒地想教男孩發出粗獷的叫聲；整個故事其實就是緊緊扣住「男孩到了青春期就會變聲」這一個「物性」來做發揮，而男孩認真學習粗獷叫聲的過程，無論是就戲劇性或是喜感來說，自然都是一個很可以大作文章的地方。

「可怕的」祕密武器　　　管家琪

在美麗的拉多河，有一頭肥肥壯壯的河馬小豪。小豪住在這裡已經有很長一段時間了。

「我是拉多河最棒的河馬，獨一無二的河馬。」小豪常常這麼志得意滿地想著。

有一天，小豪剛冒出水面，打算享受溫暖的陽光，卻發現來了一位不速之客。居然有另外一頭河馬，已經探出大腦袋，正在閉目養神哪！

小豪生氣地想著：「這是我的河，真是一點禮貌也沒有。」

「喂，」他大聲說，「我是豪哥，你是誰？」

那個傢伙半睜開一隻眼睛看了小豪一眼，悶哼一聲，又閉上了。

「哇，這麼神氣，一點也不把我放在眼裡！」小豪氣死了，

「好吧，這可是你自找的，看我的厲害！」

小豪張開像臉盆大的大嘴，打了一個——天大的哈欠！

你一定會覺得很奇怪吧？小豪幹嘛要打哈欠？其實呀，這是河馬向對手示威的方式。

「嘿嘿，怎麼樣？」小豪得意地想著，「我的嘴巴夠大吧？很恐怖吧？還不快滾！」

沒想到，那個傢伙還是只看了小豪一會兒，動也不動。更可惡的是，臉上還有一種偷笑的表情。

「哇，居然還敢笑我！」小豪猛吸一大口氣，張口又打了一個更大的哈欠。

一整個上午，小豪就這樣一直哈欠連天，氣人的是，那個傢伙居然理都不理。「呼！」小豪累死了，一個哈欠也打不出來了。

這個時候，那個新來的傢伙才慢條斯理地靠近小豪一點兒，然後慢吞吞地張開嘴巴，對著小豪也打了一個哈欠。

「哇！」小豪慘叫一聲，馬上逃離美麗的拉多河！

他認輸了！

這是怎麼回事？那個傢伙的嘴其實並不比小豪大，為什麼小豪會怕成這個樣子？

告訴你吧，這是因為——那個傢伙有嚴重的口臭哪！

 管阿姨的創作心得分享

　　除了故事最後那個「口臭」的情節是我編的之外，河馬用張開大嘴來示威這個部分是真實的；以前我不知道為什麼河馬每隔一段時間就會冒出水面，打開大嘴，露出大大的牙齒，模樣看起來活像是在打哈欠，直到後來有一次看到一部介紹河馬生態的影片，得知河馬看起來「好像是在打呵欠」的舉動，實際上是表示示威的時候，我覺得很有趣，於是就寫了這麼一個小故事。

螞蟻大餐　　　管家琪

　　小魯和小奇雖然都是食蟻獸，認識他們倆的人，都不太相信他們倆居然會是兄弟。

　　小魯是哥哥，比較內向，不太愛說話，做事總是慢條斯理。弟弟小奇，性子比較急躁，老有一大堆奇特的念頭。

　　「是誰規定食蟻獸只能吃螞蟻？」小奇常常氣呼呼地說：「真是笑死人了，我們的塊頭那麼大，居然要去吃那麼一丁點大的小螞蟻！一頓要吃多少才吃得飽呢，真麻煩！」

　　「你別生氣，」小魯說，「這是老祖宗傳下來的智慧，一定是有道理的。來，我剛挖到一個螞蟻窩，咱們一起吃吧！」

　　「哼！謝謝，你自己吃吧，我才不吃那個玩意兒！」小奇說完，就自己找食物去了。

　　小魯只好一個人吃「螞蟻沙拉」，配上「螞蟻炒落葉」，飯

後還來一點「螞蟻霜淇淋」。當他吃飽喝足，正躺下來準備睡午覺的時候，小奇回來了。

「回來啦，吃飽沒？」小魯關心地問。

「唉！別提了。」小奇垂頭喪氣地說，「本來快抓到一隻野兔，突然被老虎截了去；後來去抓地鼠，又差點被幾隻土狼攻擊；最後，我想去抓魚，居然被大黑熊一把推到河裡，而且他還凶巴巴地警告我，不准再接近他的地盤！」

「你沒受傷吧？」

「受傷倒是沒有啦！只是──忙了半天，什麼也沒吃到，餓死我了！」

「來，我替你留了一大盤『糖醋螞蟻』，趕快吃吧！」

「謝謝你，哥，你真好！」小奇狼吞虎嚥，看來真是餓壞了。

過了幾天，小奇又不肯吃螞蟻了。

「真是豈有此理！整天吃螞蟻，膩都膩死了，我要出去找別的東西吃！」

小魯只好一個人寂寞地料理「螞蟻蒸紅泥」，和「螞蟻高湯」。吃飽了，躺下來慢慢消化的時候，小奇又哭喪著臉回來了。

　　「怎麼啦？又沒吃飽嗎？」

　　「根本什麼也沒吃！」小奇嚷道，「不管我要吃什麼，每一次都是眼看馬上就要到手了，就會突然冒出一大堆可惡的傢伙來偷襲我，跑來跟我搶！」

　　「別難過，大家都肚子餓，大家都要吃飯哪！」

　　「不公平！為什麼餓肚子的總是我？」

　　「誰叫你總是要去和別人搶嘛！來來來，別氣了，快吃吧！我給你留了好東西。」

　　小奇不服氣地瞪了哥哥一眼，但也找不到話回嘴。何況──他實在是好餓呀！也顧不了那麼多，就趕快大口大口地吃起來──嗯！不知道是不是肚子餓的關係，今天的螞蟻，味道似乎特別香呢！

　　這樣的事情，每隔幾天就會發生一次；因為小奇每隔幾天

就會發作一次「厭蟻症」，然後大聲宣布再也不吃什麼鬼螞蟻，非要自己出去找食物，等到在外面吃了苦頭，和別人搶得鼻青臉腫，結果還是餓肚子回家時，再吃一頓小魯為他準備的螞蟻大餐。

同樣的事情，一再發生，小奇終於懂得該靜下心來好好地想一想，這到底是怎麼回事？

「哥，我想我有一點知道為什麼老祖宗會告訴我們，食蟻獸就是要專吃螞蟻了。」有一天，小魯正在廚房忙，小奇突然跑進來嚷嚷。

「哦？說說看。」

「很簡單，為了安全可靠嘛！」小奇說，「你看，吃什麼都得跟別人搶，又累，又危險，如果只吃螞蟻，就不會有人來跟我們搶，只要找到一個螞蟻窩，就可以安安心心地飽餐一頓了。」

「說得也是，可見哪，老祖宗的智慧還是有道理的，大自然也是很奇妙的——」

「可是，我還是有一件事情想不明白，」小奇打斷哥哥的

話，「每一天、每一餐，都吃螞蟻，你怎麼會吃不膩？」

　　「這有什麼，」小魯笑咪咪地說，「聰明人永遠有新吃法啊！你瞧，今天我們吃『蜜汁螞蟻』，還有『螞蟻清炒榕樹鬚』，這可是道地的『螞蟻上樹』喔！」

管阿姨的創作心得分享

　　食蟻獸的塊頭也不小，爲什麼偏偏專吃小小的螞蟻啊？這是一個令我感到很好奇的問題。直到我從科普圖書上看到了解釋，原來這也是在爲了求生存的情況之下長期自然發展而來的。我接著又想，長期只吃一種食物，怎麼樣才不會吃膩呢？……於是就有了這篇童話。爲了凸顯食蟻獸哥哥小魯和弟弟小奇相比，雖然肯乖乖吃螞蟻，但是關於「怎麼吃螞蟻？」經常在變花樣這一點，我在替那些菜餚定名字的時候就需要多花一點心思；我覺得，每一道菜的菜名，本身就可以透露出一些訊息，讀者光是看到有這麼多的菜名，但是又看得出來都是在料理螞蟻，那麼，不需要再多著墨，讀者自然也就可以想見哥哥食蟻獸是經常在變著花樣吃螞蟻了。

總之，我覺得寫童話實在很好玩，只要能抓住一個「物性」，根據這一個小小的靈光，再慢慢聯想和豐富素材，就有機會完成一篇比較滿意的童話。

4

巧用童話道具

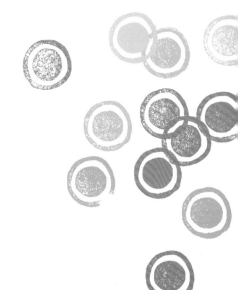

大家都知道精彩的童話作品，其中的想像一定要很豐富；因為，所謂「童話」世界就是不同於我們的現實世界，在童話世界裡所發生的事都是在現實世界不可能發生的，至於在童話世界裡究竟會有哪些人物？這些人物會遵循哪些生存法則？他們之間又會發生一些什麼樣的故事？凡此種種，都需要作者去設計和營造。優秀的作者能成功地把讀者帶進自己想像中的世界，並且讓他們非常樂意地待在裡頭，流連忘返，可是如果是缺乏想像的童話，讀起來的感覺就會是乾巴巴的，味同嚼蠟，一點勁兒也沒有。

　　那麼，最能表現所謂想像力的地方在哪裡呢？我認為，除了角色設計，恐怕就是道具了。

　　不過，像德國十八世紀末、十九世紀初的作家霍夫曼〈咬胡桃小人和老鼠國王〉裡的那個胡桃鉗不算，安徒生童話〈舊路燈的獨白〉裡的那個老路燈也不算，因為胡桃鉗和老路燈雖然都是用品，但他們在該篇童話作品中都是身居主角的地位。

　　像〈小紅帽〉裡那頂紅色的天鵝絨帽子，〈穿長靴的貓〉裡

穿在貓咪腳上的那雙小靴子等等也不算，因為那頂帽子和那雙小靴子，似乎都只是屬於主人翁造型設計的一部份，對於劇情的推進和發展並不曾起過什麼作用。

我想說的是那些能對故事情節產生關鍵性作用的道具。比方說：

　　·豌豆。（〈豌豆公主〉、〈傑克與豌豆〉。）

　　·玻璃鞋。（〈灰姑娘〉。）

　　·紡錘。（〈睡美人〉。）

　　·鏡子。（〈白雪公主〉、〈愛麗絲鏡中奇遇記〉。）

　　·笛子。（〈哈姆林的吹笛人〉中那個既可趕走老鼠，也可帶走孩子們的笛子。）

　　·小金球。（〈青蛙王子〉。）

　　·驢皮。（〈驢皮公主〉。）

　　·衣櫃。（〈獅子·女巫·魔衣櫥〉。）

　　·飲料和蛋糕。（還記得在〈愛麗絲夢遊仙境〉裡，愛

麗絲一會兒喝了飲料就變小，一會兒吃了蛋糕又變大的經典段落吧！）

想想看，這些道具是不是都發揮了很棒的童話感？

有一次，我在帶小朋友的寫作營時，問小朋友「童話故事裡有哪些重要的道具？」有一個小朋友給了一個令人絕倒的答案──「王子的吻！」因為白雪公主和睡美人最後都是被王子給親醒的嘛。真可愛。不過，既然題目問的是「道具」，是不是至少應該說是「王子的嘴唇」呀？

再問一道題目：「童話故事裡又有哪些交通工具呢？」

很多小朋友會立刻回答「馬」，或者是「白馬」，這個答案還算勉勉強強，畢竟童話故事裡常常會出現王子，而王子總是要騎馬，還常常是騎白馬，要不然怎麼會有「白馬王子」這個說法呢？

但是，除了「馬」、「白馬」之外，很多小朋友接下去竟然

會說什麼自行車、汽車、飛機、輪船……，急得我只好趕快打斷他們，並且提醒他們慢點慢點，我問的是「童話故事」中的交通工具，意思是當然要盡量有童話色彩的呀。

於是，很多小朋友又立刻改口說，竹蜻蜓、任意門、時光機……，好傢伙，把《哆啦Ａ夢》裡的道具統統都搬出來啦。《哆啦Ａ夢》當然具有很濃厚的童話色彩，但是它畢竟是漫畫作品，如果我執意，就是說如果一定要問傳統意義的童話作品呢？想想看，童話作品裡的交通工具有哪些？

比方說，灰姑娘的南瓜馬車，仙女、小精靈和小仙子的翅膀，巫婆騎的掃帚，阿拉丁坐的魔毯，孫悟空的筋斗雲，走一步就能前進七里的七里靴，燕子（〈拇指姑娘〉），鵝（《騎鵝旅行記》），桃子（《巨桃歷險記》）等等，當然你一定不會忘記耶誕老公公的飛天雪橇。

這些交通工具都是很棒的道具。我覺得只要能設計出精彩的道具，就能大大營造出童話故事所需的童話感，能夠很有效地帶領讀者脫離現實的時空，跟著你一起去一個想像的國度翱翔。

甚至，有的道具可以說是整個故事的靈魂。譬如，安徒生〈打火匣〉中那個神奇的打火匣，〈漁翁的故事〉裡那個內藏魔鬼的黃銅瓶，〈阿拉丁和神燈的故事〉裡那個內藏精靈的神燈等等，更不要說托爾金的巨著《魔戒》中的那個魔戒了。

　　也可以這麼說，只要你能夠「發明」出某一個很棒的道具，再緊緊扣著這個道具去設計角色和情節，其實就很有機會完成一篇比較滿意的童話作品。像這樣的作品，我們往往會以該道具作為該篇童話的篇名，由於這個道具是無中生有的，是具有童話感的，做為篇名往往也比較能夠吸引讀者。（回想一下《哆啦A夢》的每一個故事，不就都是拿某一個道具來做為篇名的嗎？其實這裡頭的道理是一樣的。）

　　在我的童話寫作生涯裡，也發明過不少道具。譬如：可以收集怒氣的「怒氣收集袋」，為了因應經濟不景氣而特別開發出來的「虛擬紅包袋」，可以測出誰最常佔據我們心思的「思念測試儀」、能夠測試小朋友有沒有盡力以及夠不夠努力的「盡力棒」和「努力槍」、據說能夠自動寫作以及自動畫畫的「神奇自動

筆」等等，這些故事我也都是直接用這些道具來做為篇名。

　　也許你會問，那要如何來「發明」道具呢？其實呀，只要你會做白日夢，有時在身處某種情境之中會有一種「要是我有個什麼東西就好了」這種念頭，那麼，趕快抓住這個念頭，再用力好好地想一想，一個很棒的道具就很有機會誕生。

　　我還有些作品，雖然篇名不是某一個道具，整個故事卻完全是拿一個想像中的道具來發揮，比方說，一個從零分考卷上掉下來的大鴨蛋（《誰要零鴨蛋》），一本住著一個吸字魔的字典（《我家有黑洞》），可以把字打在白雲上的「空中投影器」（〈一句飄在空中的『對不起』〉）等等。

　　我們來看幾個童話故事中的道具。

盡力棒和努力槍　　　管家琪

黑熊老師常常對學生說：「我對你們的要求不高，我只希望你們盡力……」

問題是，每當他一這麼說，他的學生幾乎無一例外，立刻就會叫：「有啊！我有盡力啊！我很盡力啊！我已經盡了全力啦！」

這個「盡不盡力」實在是很抽象，很多時候，黑熊老師明明覺得學生都在哄他、唬他、誆他，可是他們只要裝出可憐兮兮的樣子說：「我有盡力啊！」他就一點辦法也沒有。

「要是能知道他們到底有沒有真的盡力就好了。」黑熊老師不止一次這麼想：「比方說，要是能有一個儀器之類的東西，能夠把他們盡了多少力，非常精確地測出來，那該有多好……」

這麼一來，對於那些混得很凶卻總還是嚷嚷著「我已經盡力

啦！」的小朋友，他就可以抓他們、咬他們，或者把他們放在地上用屁股來坐扁……。嘿嘿嘿嘿，實在是太棒了！黑熊老師想著想著，嘴角不禁浮現出一個魔鬼的笑容。

　　接下來，每天晚上黑熊老師都不看連續劇了，也不看從小朋友那裡沒收來的漫畫書了，而是一心一意地悄悄研究。經過兩個多月的認真研究，黑熊老師終於發明了一個了不起的東西，叫做「盡力棒」。

　　「盡力棒」長得有點兒像球棒，只是棒子上面連著一根細細長長的繩子，這根繩子再連著一個數字顯示盒。

　　黑熊老師向小朋友們一邊展示自己的發明，一邊解釋道：「以後每天早上只要一到學校，你們就排好隊，一個一個捧著這個數字顯示盒，然後讓我用『盡力棒』在你們的腦袋上敲一下，一敲，這個數字顯示盒就會告訴我，你們到底盡了多少力。」

　　小朋友們聽了，紛紛驚叫狂叫雞貓子亂叫，每個人都被嚇得面色如土。

　　小老虎說：「老師，這太暴力了！」

小灰狼說：「萬一你出手太重，一棒把我們打死了怎麼辦？」

小花豹說：「萬一你出手太輕，誤以為我們沒有盡力怎麼辦？」

黑熊老師是一個講道理的老師，他一聽小朋友的意見，覺得很有道理，便答應大家會回去再好好研究。

當天晚上，剛吃過晚餐，黑熊老師想坐下來繼續他的偉大研究，突然被一陣急促的門鈴聲給打斷，開門一看，原來是一隻山豬；他是一個推銷員。

「好消息！這是老師們的福音──『努力槍』！『努力槍』問市了！」

山豬推銷員的聲音和表情都挺誇張，也頗有一種像是經過排練的感覺。不過，黑熊老師不介意，而是立刻興致勃勃地問：「『努力槍』？什麼是『努力槍』？」

「就是這個！」山豬推銷員興高采烈地從衣服口袋掏出一個手槍形狀的東西，動作真是誇張得不得了。

「這個產品新穎的構想，是得自現在非常普遍的『體溫槍』，您看，只要往小朋友的耳朵一量，就可以知道他們的體溫，這多方便！同樣的，如果只要往小朋友的耳朵一量，就可以知道他們努力的程度，那所有老師要修理小朋友也就有理由啦！」

　　最後一句話真是徹底說到黑熊老師的心坎裡去了。他立刻掏出一把鈔票買下一支「努力槍」，打算從明天開始，每天早上都要給他班上的小朋友每人一槍！

　　「如果有什麼問題，歡迎隨時call我，我會非常熱誠地為您服務。」臨走前，山豬推銷員還客客氣氣地遞上一張名片給黑熊老師。

　　小朋友們顯然對「努力槍」都比較能接受，一個一個都乖乖排好隊挨老師「一槍」，而一連三天下來，黑熊老師發現小朋友們都乖得不得了！每個人都好努力。這個結果讓黑熊老師在欣慰之餘，老實說不禁也有點兒──呃，失望。

　　當然，他也非常納悶，怎麼就連平常他總感覺是大混特混

的小老虎和小灰狼，經過一連三天的測量，努力程度也是百分之百呢？這麼一來，他們的課文背不出來、作業交不出來，也不能拿他們怎麼辦，因為他們已經盡力了，這實在是——唉，好遺憾啊！

到了第三天晚上，黑熊老師正在想著這件事的時候，忽然一時興起，把「努力槍」伸進自己的熊寶寶布偶一量——天啊！熊寶寶布偶的「努力程度」居然也是百分之百！

「我被騙了！」黑熊老師氣得大叫：「這支什麼『努力槍』，根本是廢物一個！一點用處也沒有！」

他氣呼呼地找出那個山豬推銷員留下的名片，按照名片上的電話打過去，居然是空號！黑熊老師更加火冒三丈，立刻衝出去在社區附近到處亂轉亂找，想要找那個騙子，但是都一無所獲。

接下去黑熊老師每天一下了班，就在附近到處找山豬推銷員，可是那個傢伙卻再也沒有出現。

就在剛開始放暑假的第二天晚上，黑熊老師難得陪老婆逛街時，經過一家歌舞廳，無意中在海報上發現了一張熟悉的臉孔

——黑熊老師一眼就認出來，沒錯，就是那隻騙了他的豬！只是黑熊老師不明白，怎麼才幾天的工夫，這傢伙居然就不賣東西，而當起演員來了？

興師問罪的結果，更是令黑熊老師大吃一驚！原來這位山豬先生本來就是一個小演員！而「推銷努力槍」這一場戲，竟然是班上的小朋友聯合聘請他所演出的！

「胡說！」黑熊老師大罵道：「一群小孩子哪有錢請你演戲！」

山豬先生露出一個意味深長的笑容：「他們說你會付的，你不是已經付了嗎？」

黑熊老師猛然想起，噢！是啊，那支沒用的「努力槍」可不便宜呢！

「這群可惡的小鬼！看開學後我不找他們算帳才怪！……」就在黑熊老師咬牙切齒的時候，他這才又想起一件大事——他教的是畢業班，已經正式和班上的小朋友說再見，再也見不到他們啦！

管阿姨的創作心得分享

　　這個故事其實最早就是從「體溫槍」而來的。在我小的時候可沒有體溫槍，只有體溫計，每次要量體溫的時候，如果把體溫計夾在胳肢窩覺得很癢，含在口裡又很怕一不小心會咬斷；等到我當媽媽以後，情況還是一樣，只是變成我很神經過敏、很擔心如果把體溫計讓小孩含在口裡他們會咬斷，夾在胳肢窩他們又老是說好冰、好癢，所以當我看到現在的體溫槍時，覺得真的好方便，然後又想，體溫還是很確實的，幾度就是幾度，有發燒、沒發燒，一量就知道，那麼，如果是一些抽象的東西，譬如「夠不夠努力」，如果也能像體溫一樣一量就知道……我就從這一點開始慢慢去想，「盡力棒」則是因劇情需要而隨後「發明」出來的。

鬼　火　　　管家琪

經濟不景氣，地府那兒不斷地削減預算，把「安樂墓園」裡的眾鬼都搞得垂頭喪氣，煩躁不堪。

先是為了節約能源，地府規定每天早晨三點就得收假，大家都得乖乖回到墓穴裡去待著（早晨三點，很多夜貓子都還沒上床呢，鬼倒要上床了，簡直是豈有此理嘛）；再來是為了節約資源，一律凍結專用白衣的發放，再多的冥紙也買不到新衣服……現在，最新消息傳來，地府居然還要刪掉「鬼火」！

這下，眾鬼再也無法忍受，紛紛頭綁白布條，帶著海報標語，一起擠到地府門口大聲抗議。

「連鬼火也要刪，那墓園還有什麼氣氛嘛，真是亂來！」

「鬼火不能刪！我們要鬼火！」

他們喊了又喊，叫了又叫，但是，抗議了半天，地府裡頭辦

事的傢伙還是不大搭理，只隨便敷衍兩句：「知道了，我們會再考慮考慮的。」然後，就打發眾鬼回去了。

回到「安樂墓園」，大家都一肚子不高興。有一個年輕的鬼激動地說：「什麼『再考慮考慮』，根本沒有誠意嘛！」

「對！他們這次實在是做得太過分了！」大夥兒一邊罵，一邊原地亂蹦，表示「反彈」。

最後，他們決定要自力救濟──既然地府不給他們鬼火，他們就自己去找鬼火的代替品！

大夥兒說做就做，立刻分頭進行。「安樂墓園」的眾鬼，向來是非常團結的。

第二天晚上，「安樂墓園」可熱鬧啦。

有一個鬼，請來了「螢火蟲兵團」。

有一個鬼，請來了一大堆的蝙蝠；他還說，螢火蟲太柔了，蝙蝠的眼神看起來比較詭異，比較有氣氛。

有一個鬼，借來了「流星鎚」，只要在任何鬼的腦袋上狠狠一敲，就會冒出好多閃閃發亮的流星，而且這些流星還會持續

十分鐘以後才會消失。這個鬼同時也展示了一份他早就規畫好的「挨打表」──不，應該說「製造流星輪值表」。他說，只要從每天零點到三點，每個鬼都輪流挨打一次，就會有足夠的流星了。問題是，眾鬼見方才示範挨打的那個傢伙，挨打之後，一直起不來，知道一定很痛，所以都很遲疑。

「要不──就只有到別的墓園去借了。」又有鬼提議道，「只是，現在鬼火這麼寶貝，人家肯不肯借給我們是一大問題；再說，即使肯借，如果只借一點點，也還是沒氣氛……」

「算了算了，要借鬼火還不如借煙火，」有一個鬼突然興奮地叫著，「你們看，我借來了沖天炮，咱們來放放看吧！」

一時之間，沖天炮在墓園裡到處亂飛，熱鬧是很熱鬧啦，可是大家都覺得氣氛還是不對。

「唉，到底該怎麼辦呢？」大夥兒又討論了半天，但是還沒討論出具體的結論，清晨三點到了，該收假了。

「只好明天再討論了。」跳回墓穴之前，大夥兒互相提醒著。

沒想到，第二天地府派了一個小鬼來通知，說上頭經過仔細地研究討論，決定還是保留鬼火的預算，並要他們立刻停止對四周居民的騷擾行動。對於這項決定，眾鬼自然都很高興，但是也一臉冤枉地說：「我們哪有騷擾居民呀？我們一向是最和善的……」

「還說沒有！」小鬼怒斥道，「你們昨天晚上在這裡搞什麼鬼，難道以為我們還不知道？今天有好多居民到處去拜佛上香，抱怨這裡鬧鬼，把菩薩們都給煩死啦，這難道不是你們的錯嗎？」

 管阿姨的創作心得分享

　　好像只要是鬼故事，不管是話劇、電視，或電影，「鬼火」都是一個必不可少的道具，只要有了鬼火，立刻就能增添很多氣氛。「鬼火」的產生，有科學上的解釋，我只是在想，如果有一天沒有了鬼火，可以用哪些童話的方式製造出類似鬼火的效果呢？當然，這些「效果」都是非常卡通式的。

思念測試儀　　管家琪

公雞先生出差了，母雞小姐很想念他。

自從他們倆開始談戀愛以來，公雞先生成天都跟在母雞小姐身邊團團轉，現在他忽然不見了，母雞小姐覺得非常非常的不習慣。儘管公雞先生再三保證過兩天就回來，母雞小姐還是巴不得最好下一秒鐘就能看到公雞先生。

這天，母雞小姐又在想公雞先生，想得小米都吃不下的時候，小腦袋瓜裡忽然蹦出一個念頭：「我這麼想他，他想不想我呀？」

接下來，這個念頭就一直困擾著母雞小姐，她不由自主地一直在想：「他想不想我呢？有多想？不會只有一點點想吧？……」

母雞小姐愈想愈煩惱，乾脆出門去散步。

走著走著，來到池塘邊，迎面碰到鴨子阿姨。鴨子阿姨的觀察力很敏銳，馬上就注意到母雞小姐好像有心事。

　　「怎麼啦？」鴨子阿姨關心地問：「有什麼事不開心呀？」

　　母雞小姐一向很信賴鴨子阿姨，更何況——當初公雞先生來追求母雞小姐的時候，也是鴨子阿姨幫忙說了公雞先生好多好話，母雞小姐才願意跟這位公雞先生在一起，否則她還想找一個雞冠長得更漂亮的男朋友呢。

　　所以，鴨子阿姨這麼一問，母雞小姐也不隱瞞，就羞答答地把自己的困擾給說了出來。

　　「這樣啊——」鴨子阿姨想了一下，「說來也巧，我那個兒子啊，妳知道他向來喜歡研究發明一些奇奇怪怪的玩意兒，他最近剛好發明了一個東西，我想——或許會對妳有用。」

　　「是什麼東西？」

　　「——呃，我也解釋不清楚，妳還是自己來看看吧。」

　　到了鴨子阿姨家，推開小鴨子亂糟糟的實驗室（其實也就是臥室）的門，只見小鴨子坐在電腦前，兩眼發直，頭上戴著一個

有好多小燈泡的圓圓的怪東西；隨著小鴨子硬硬的鴨嘴不斷地一張一合，彷彿在念念有詞，那些小燈泡也一閃一閃，好像有所回應。

鴨子阿姨直截了當地對小鴨子說：「兒子啊，母雞姊姊想知道她的男朋友想不想她，你幫她測測看吧。」

小鴨子很高興地站起來，「歡迎，歡迎！我正希望能多找人來試試呢。」

他一邊讓出位子，讓母雞小姐坐下來，再把自己頭上那個圓圓的東西拆下來，戴在母雞小姐的頭上。

鴨子阿姨出於關心，也在一旁看著。

母雞小姐有些狐疑地問：「這是什麼東西啊？」

小鴨子得意地說：「思念測試儀。」

母雞小姐正想問：「這東西可不可靠呀？」可是才剛一開口，就被小鴨子制止了。

「噓！別說話，專心想妳的男朋友，什麼人都不要想，就只想妳的男朋友……」

母雞小姐不敢囉唆，趕緊專心地想、用力地想……

電腦螢幕上出現了好多好多的小紅心，而且一個個都在活蹦亂跳。

「快好了！快好了！」小鴨子興奮地說。

母雞小姐也緊張地盯著螢幕，不知道接下來會發生什麼變化。

忽然，那一大堆的小紅心集合在一起，變成一顆大紅心，而且還會閃閃發光。

「測出來了！」小鴨子高興地宣布：「妳對他的思念強度是百分之百！妳真的很想他！」

「這個我早就知道了呀，」母雞小姐紅著臉說：「我是想知道他想不想我？」

「別急別急，」小鴨子笑咪咪地說：「我們一定要從這裡開始呀。」

接著，小鴨子在鍵盤上飛快地打了一通，「我現在要輸入一個程式——好了！出來了！」

果然，螢幕上那顆大紅心又迅速分裂成一些小紅心，就像剛開始那樣，但是——又不大一樣，現在的小紅心不像剛才那麼多，跳動的感覺也不像剛才那麼活潑、那麼有力。

　　母雞小姐有一種情況不大妙的感覺……

　　「出來了，」小鴨子盯著螢幕下方冒出來的一堆數字，嘟嘟囔囔了一番，然後說：「根據儀器顯示，他對妳的思念強度是百分之五十。」

　　「啊！」母雞小姐叫起來，又失望又生氣，「只有百分之五十？那他另外的百分之五十是在想誰？」

　　小鴨子說：「如果妳真的想知道，還可以繼續往下查，我這個儀器是很精密的……」

　　「我一定要知道！」

　　「好，等著吧，」小鴨子又輸入一個新的程式，「很快就會有答案了。」

　　過了一會兒，螢幕上的小紅心又開始變化了。

　　奇怪的是，它們漸漸沒有了「紅心」的模樣，一個個都奇形

怪狀，但是跳動起來倒是挺有勁的。

「咦，很不尋常哦……」在小鴨子的念叨中，螢幕下方忽然跑過一行看起來很複雜的數據。

小鴨子似乎愣了一下。

「怎麼了？」母雞小姐急著追問。

「根據儀器顯示，妳男朋友想的都是同性，而且對象不只一個，至少有兩個。」

「怎麼可能？」母雞小姐大聲尖叫，「告訴我，他們是誰？」

「好，我再查。」小鴨子又在鍵盤上猛敲了一通。

又是一陣焦急的等待。終於，螢幕上出現了一行奇怪的文字。

小鴨子說：「我來翻譯一下──是『該死的老黃』和『愛現的傢伙』──這是誰啊？」

母雞小姐呆了半晌，疑惑地說：「我是常聽他說起過這兩個詞兒，我知道是誰──可是我不懂他幹嘛要這麼想他們？」

一直保持沉默的鴨子阿姨說話了，「妳先說說看，他們是誰？」

　　「『該死的老黃』是黃鼠狼，偷襲過他們家幾次；『愛現的傢伙』是住在他隔壁的大公雞，有人說大公雞的雞啼比他好聽……都是他非常討厭和痛恨的傢伙呀！」

　　鴨子阿姨笑笑，「其實，這一點也不奇怪，那些令我們討厭的人，確實反而經常佔據我們的心思，只是機器搞不清楚那並不是『思念』啊！」

管阿姨的創作心得分享

　　什麼叫做思念呢？就是心思一直在某一個人的身上，對不對？那麼，除了思念，有的時候，當我們很討厭一個人的時候，其實我們的心思也老是會集中在那個人的身上，實在是很荒謬，對吧！所以，我就想，如果有一個機器，雖然能測出我們的心思是不是總是放在某一個人的身上，可是一定還是很難測得出來這到底是出於思念還是討厭，對吧？因為機器畢竟是死的，怎麼可能測得出人類如此複雜的感情啊。

　　我們現在不妨就來欣賞一下小朋友的「發明」。

爆米花　　鄭鑫怡（五年級）

「爆米花啦！爆米花啦！」熊爺爺推著爆米花機吆喝著來啦！

小田鼠追來了，手裡捧著兩把大米。

「熊爺爺，我要爆米花！」小田鼠大聲喊。

熊爺爺把爆米花放進機器裡，拉起了風箱。

呼哧呼哧……砰！兩把大米變成了兩大袋爆米花。小田鼠喊來很多小夥伴，樂呵呵地往家裡搬。

小黃狗拖著兩大袋玩具巧克力，要熊爺爺做爆米花。熊爺爺把它們放進了爆米花機。

呼哧呼哧……砰！兩大袋玩具巧克力變成了一座城堡。

小貓咪提著一籃小魚要熊爺爺做爆米花。熊爺爺把小魚放進了爆米花機。

呼哧呼哧……砰！一籃小魚變成了一大袋魚鬆。小貓咪興高采烈地抱著魚鬆回家。

小白兔摟著兩根大蘿蔔要熊爺爺做爆米花。熊爺爺把大蘿蔔放進了爆米花機。

呼哧呼哧……砰！兩根大蘿蔔變成了一大袋蘿蔔絲。小白兔興奮地把蘿蔔絲帶回家。

熊爺爺的爆米花機真是無所不能啊！

 管阿姨賞析

一般的爆米花機就是爆米花機，爆出來的爆米花不是甜的就是鹹的；不知道鑫怡小朋友是不是覺得這樣的爆米花機太單調了，因此發明了這麼一台有趣的爆米花機？從大米、巧克力、小魚到蘿蔔，鑫怡所發明出來的爆米花的花樣還真不少。不過，熊爺爺在做這些口味獨特的爆米花的時候，好像都太順利了一點，不管是拿什麼材料來爆都是一爆就成功，如果——有哪一次是不成功的，然後熊爺爺還需要去好好地善後……這樣就會比較有故事性了。

會飛的蘋果派　　黃若慈（四年級）

　　很久很久以前，在一座森林裡，住著一對窮苦但又生活幸福的老婆婆和老公公，他們非常地善良，曾救過許多的動物，也常常互幫互助。

　　在一個很冷的冬天，北風呼呼地吹著，把老公公和老婆婆家的窗戶吹得啪啪響。老公公很冷，老婆婆便到廚房給老公公煎了一個很大的蘋果派，給老公公暖暖身子。當蘋果派要端給老公公時，忽然一小塊天從天上掉了下來，不早不晚，正好掉進老婆婆的蘋果派裡。

　　蘋果派飛了起來，老公公、老婆婆抓住了它，可力量不夠，怎麼也按不住它，夫妻倆只好爬到蘋果派上，隨它穿過森林，飛過草原。這時夫妻倆看見了一隻小貓，便喊：「喂，小貓，快上來，讓這蘋果派停下來。」於是，小貓跳了上去，可重量還是不

行。

　　蘋果派飛啊飛，飛到了一座深山，這裡陰森森的，空氣裡夾雜著血腥味，夫婦倆往下一看，呀！老婆婆差點暈過去，原來這裡遍地是骷髏頭，夫婦倆和小貓一抬頭，看見了許多樹木，它們張開血盆大口，像是要吃掉他們。老公公和老婆婆一下明白了過來，下面這些都是被樹吃掉的人成了骷髏頭，夫妻倆心想也是無路可逃，就和小貓閉上眼睛，等待死亡。

　　就在這緊張危急的關頭，一隻獅子從深山裡面跑出來，對著這些樹木吼了一聲，這些樹立刻沒了眼睛、嘴巴和手。獅子接著朝天上大吼一聲，天空立即變得很藍很藍，到處都有新鮮的空氣，地上都是奇花異草，骷髏頭也不見了。

　　接著獅子開口說：「這裡原來是夢幻谷，這裡所有的動物都會說話，也很溫和。我是這裡的國王，但是我發現你們人類經常大量捕殺我們夢幻谷的成員，因此我們夢幻谷的成員在急劇減少，我不得已才把這些樹木變成可怕的衛士，現在，只有你倆和小貓知道這祕密。」說完，獅王輕輕一跺腳，動物們便從四面八

方趕來了，他們都央求老公公和老婆婆留下來。

從此，夫婦倆就快活地生活在夢幻谷。

 管阿姨賞析

不知道若慈小朋友是不是很喜歡吃蘋果派？蘋果派長長方方的模樣有點兒像飛毯，不過，若慈小朋友還特別加進一點特殊的理由讓這個蘋果派飛起來，那就是——「當蘋果派要端給老公公時，忽然一小塊天從天上掉了下來，不早不晚，正好掉進婆婆的蘋果派裡。」這真是一個充滿童話色彩的想像。而有了這個會飛的蘋果派，故事的場景才得以很自然地變換，故事情節也才得以很自然地向前推展。

奇特的測謊筆　　牛虹（五年級）

　　我在科研所經過反覆研究和實驗，終於發明了一支奇特的測謊筆。

　　你可別小看這支測謊筆，上次的實驗還真讓人心驚膽戰呢！

　　那次我和最要好的同事小雪一起去參加S市綠化工作表彰大會，聽某市長做報告。小雪一邊聽一邊做紀錄。突然，她說：「我的筆沒墨水了，你借支筆給我吧！」我從口袋裡把筆遞了過去。那位市長剛說到：「最近本市綠化的覆蓋率已達到百分之六十以上，啊……啊……」他突然說不出話來了，大家急忙把他送進醫院。

　　這時我才發現小雪拿的正是我那支測謊筆，一定是它把市長害慘了！我立刻打扮成醫生的模樣來到市長的病床前，探問道：「市長先生，請問您在做報告時，說到哪兒突然說不出話了？」

市長便把剛才的話寫給我看。原來本市的綠化覆蓋率並沒有這麼高，而同事小雪拿測謊筆寫到這句話時，那支筆測到了謊話便發射出無聲的強性微波，正好打中市長的喉嚨，所以市長就變啞巴了。

於是，我認真地對市長說：「想要讓您說話並不難，只要您反覆地把『本市綠化覆蓋率還沒有達成既定目標』在心中默念十遍就行了！」市長照我說的去做了。等了一會兒，我突然叫了一聲：「市長呀！」

他馬上回答：「嗯。」

「好，您會說話了！」我對他說：「你把剛才想的話再大聲說一遍。」

他認真地說：「本市綠化覆蓋率還沒有達成既定目標。」他想了一想又補充說：「我們必須採取有力的措施，把這項工作做好！」

「好，太好了！」我高興地說。

後來，他拉著我的手連聲道謝。我微微一笑，轉身就走。突

然想起了什麼又對他說：「希望您以後一定不能說假話，不然再變啞巴就沒得治了！」

「一定，一定！」市長邊說邊起身下床。

經過這一次的實驗，我想：看來我還得把這支筆再改進一下，使它加重對說假話的人的懲罰，這樣，這些官員就不敢再說謊話了！

 管阿姨賞析

這篇作品有一種可愛的扮家家酒式的趣味，一開始，牛虹小朋友就假設自己已經長大，是一個發明家，發明了一支「奇特的測謊筆」，還有一個「同事小雪」（聽起來很像「同學小雪」）啊，再加上牛虹小朋友對於「奇特的測謊筆」的設計……讀完之後真會讓人感覺到——哎，如果世上真的有這麼一種「奇特的測謊筆」該有多好！

還有好些道具，雖然不是我們自己發明的，但也可以拿來大作文章。我曾經也做過不少這樣的發揮。比方說，一頂象徵著榮譽的廚師帽（〈頭上的禮物〉）；超人的披風，怕熱的超人一直想要擺脫它卻一直擺脫不了，因而引發了一連串的故事（〈超級救生員〉）等等。

| 故事欣賞 |

頭上的禮物　　　管家琪

秋夜，清涼的微風陣陣吹來，「妙妙蛋糕師」結業班的一群小河馬，輕鬆愉快地聚在樹蔭底下納涼聊天，只有大呆仍揮汗如雨地拚命揉麵糰，為了明天的結業考試反覆練習。

「大呆！休息了啦！」朋友們不斷叫喚著他。

「不行！我還不夠熟練。」大呆總是頭也不抬地說。等到大家都慢慢散去了，大呆還在練習用鮮奶油寫字。他非常專注，連老師經過他的身邊他都沒有發現。「大呆，這麼晚了，還在練習啊？」老師溫柔地說。

大呆嚇了一跳，手一抖，糟糕！奶油字寫歪了：「呃，我怕自己笨手笨腳明天考不好，所以想多練練。」

「放輕鬆點，」老師拍拍大呆憨厚的腦袋，「以你平日的表現，明天即使失常，我想憑你的總成績應該還是可以畢業的。」

「可是，我很想要那頂第一名的獎品，呃，我是說那頂廚師帽。」大呆的眼神無限憧憬。

老師微笑著說：「喔，那你得早點睡，明天不要緊張，就可以得到它了。」到了第二天，比賽就要開始了。經過連日來的努力練習，大呆顯得胸有成竹。

可是，不知道怎麼回事，當老師一喊「預備──」的時候，睡眠不足的他忽然像剛剛睡醒似的，竟沒來由地緊張起來。等老師一大喊「開始！」，他已完全著了慌，耳朵裡盡是同伴們忙碌

的敲蛋、打蛋，和揉麵糰的聲音，自己的腦筋卻像一團漿糊，混沌不堪，什麼也不能思考，所有的步驟統統都忘記了，只好慌慌張張地跟著別人做，還手忙腳亂地將工具掉了一地。

其實，表現不佳的不僅是大呆。許多小河馬都偷偷抱怨：「沒想到做蛋糕這麼難啊！」「唉！真該多練習一下的。」有些小河馬甚至才做了一會兒，自認做得不好，就早早放棄，不再往下做了。但是大呆不甘心，他懊惱地想著：「我練習了這麼久！怎麼還……哎呀！」一不小心，用力過猛，他手裡的打蛋器竟然飛出去了！

最後，參加考試的二十隻小河馬，只有五隻做出了蛋糕，大呆是其中之一。但是，他的蛋糕卻無疑是做得最最糟糕的。大呆十分喪氣，難過失望得想哭。

那頂漂亮、嶄新的廚師帽當然被別人拿走了。「沒關係，反正學做蛋糕只是好玩。」沒做出蛋糕的小河馬都毫不在乎地聳聳肩膀。只有大呆眼裡噙著淚光，垂著頭收拾東西準備回家——沒想到卻被老師叫住。

老師對大家說：「今天，大呆的蛋糕雖然做失敗了，但是，他的態度很認真，所以，我要頒發一個特別獎給他。」說著，老師就走過來，和藹可親地將自己頭上的廚師帽摘下來，替驚喜萬分的大呆戴上，一邊還故意埋怨他：「告訴過你不要緊張嘛，現在只好送你舊的囉！」

一直到現在，「大呆蛋糕屋」的廚房裡，都還掛著「不要緊張，一定成功」的牌子。而且，大呆也一年到頭都戴著那頂又老又舊，卻意味深長的廚師帽，捨不得拿下來哩。

 管阿姨的創作心得分享

有些東西，儘管在別人看來沒有什麼，很平凡，但是對於當事人來說卻很可能是意義非凡；在這個故事中，「那頂又老又舊的廚師帽」正是如此。

廚師帽並不是什麼了不起的新奇玩意，可是我覺得正好很可以做為一個發揮的道具，來彰顯我想要表達的「萬物的意義都是我們自己所賦予的」這樣的想法。

一個用心吃的粽子　　管家琪

　　肥肥是一個巨無霸粽子。說他是巨無霸粽子，可一點兒也不誇張。同樣的盤子，別的粽子總要兩三個手牽手、肩並肩，才能坐滿，他卻一個人就占住了整個盤子，旁邊只能勉強再塞一點不占地方的裝飾香菜。

　　肥肥一直對自己不甚滿意，除了體形特殊，他最介意的還是自己竟然是空心的。因為，他是一個擺在餐廳櫥窗內作為展示用的模型粽。

　　在他面前有一塊小牌子寫著「廣東裹蒸粽」，肥肥一點也不明白這究竟是啥意思，正如他一點也不懂何以自己不是三角形，卻長得四四方方的，像個大包袱，連外衣也不是一般粽葉，而是蓮葉，總之，一切的一切都和別人不一樣，怪異之至。

肥肥覺得自己毫無用處，他甚至以身為模型粽為恥，自然他也無法想像坐在他附近的「蓮蓉粽」怎麼還能天天笑口常開。

　　「做一個模型粽有什麼不好？」蓮蓉粽常常這樣跟他說，「你看，我們又乾淨，又不會壞，工作又單純，只要坐著讓別人看，多好！」

　　肥肥苦惱著說：「可是我的長相太不單純了，而且，連我都不知道『裹蒸粽』是什麼意思，對別人又有什麼意義呢？」

　　類似的抱怨、類似的對話，幾乎成了肥肥生活的全部。直到有一天，一位老先生來到肥肥身旁，才改變了他的一生。

　　老先生竟然向餐廳經理要求買下肥肥。

　　「可是，先生，這是假的呀！」年輕的經理忍不住嗤嗤地笑，「您可以進來點一客真正的『裹蒸粽』，不過它太大了，您最好約四、五個朋友一起來吃，免得吃不完也是浪費。」

　　「我想，我對『裹蒸粽』的了解不會比你少，」老先生平靜地說，「這是世界上最好吃的粽子，而且如果用我家鄉廣東肇慶的大蓮葉來包，會特別好吃。」

肥肥好奇地看著他，經理也是。然後，兩人異口同聲地問：「那您為什麼要買一個模型粽呢？」

　　老先生走近一些，專注而深情地望著肥肥：「以前，老伴每年都刻意到美濃去找大蓮葉來替我包裹蒸粽，討我歡心，雖然比不上家鄉的粽子但還是滿有味道。現在，她去世了，再也沒有人能為我包這個特別的大粽子，而且……」

　　老先生低低地說：「你們店裡賣的又太貴，我吃不起。所以我想把這個模型買回去，算是做個紀念，以後每逢端午節，我就用心來吃粽子。」

　　結果，經理很大方地把肥肥送給了老先生，老先生好感動，一再強調：「謝謝你！這對我真的很重要！」

　　離開餐廳之前，肥肥難得一派祥和。他跟蓮蓉粽依依辭行，還學著老友的口氣說：「你說得對，做一個模型粽沒什麼不好，我們又乾淨，又不會壞，工作又單純，只是坐著讓別人看就意義非凡，多好！」

管阿姨的創作心得分享

上一篇〈頭上的禮物〉，我想談的是「萬物的意義都是我們自己所賦予的」，這一篇我想談的則是「天生我材必有用」（我自己覺得這好像是我的童話作品中，自然而然、經常會出現的一個主題）。

記得當年當我第一次在餐廳裡看到「裹蒸粽」的時候，真是大開眼界，在那之前，我從來不曾想過在這個世界上居然還有粽子會長成那樣，我還以為所有的粽子一定都是三角形的呢，後來當我了解了原來這是來自廣東肇慶的粽子，立刻就覺得這個粽子本身就很有故事，喜歡吃它的人一定也有些故事……是什麼樣的故事呢？於是乎我就想像了這麼一個故事。

超級救生員　　管家琪

一到夏天，超人就煩惱得不得了。

你別看超人上山下海，神勇無比，好像天不怕，地不怕。其實，超人還是有弱點的。他唯一的弱點，就是怕熱。想想看，大熱天裡，人人都是一件薄衣，超人卻得穿著緊身衣、長靴還外帶披風，可不真是要把他給熱壞了！

更要命的是，自從超人患了「甲狀腺機能亢進」之後，原本怕熱的毛病就更嚴重，常常動不動就汗流浹背，連頭髮都是成天濕漉漉的，不知情的人還以為是超人趕時髦，抹了大把的浪子膏哩！實際上，夏天出任務對超人來說，早已變成負荷極重、痛苦不堪的事。

他曾經試圖在夏天改變造型，大膽去掉披風、緊身衣和長靴，僅著一條原來穿在緊身長褲外的紅色小內褲。唯恐大家不認

識他，超人還自掏腰包，印了許多精美宣傳品，附在夾報裡，說明「基於業務需要，不得不在夏天改變裝扮」。沒想到，現在夾報廣告太多，大家只當這又是一則莫名奇妙的廣告，瞄了幾眼就紛紛丟進垃圾筒了。

以至於有一天，當超人穿著涼快得不能再涼快的新裝，去搭救一位遭到搶劫的婦女時，還沒機會問明案情，竟然就被婦人抓著雨傘追打：「可惡！剛跑了一個搶匪，又來一個色情狂！」

超人回到家，一邊冰敷被雨傘敲腫的後腦勺，一邊痛定思痛：「大概我的新裝實在是太大膽了，也難怪別人不能接受；要不──我還是穿緊身衣，但不穿披風，然後換上涼鞋，這總該可以了吧？」

不料還是不行，當他趕到警察局，準備參加「如何推廣守望相助」座談會時，一名新警員不相信他就是大名鼎鼎的超人，說什麼都不讓他進去。

「你別唬我了，超人怎麼會沒有披風？又怎麼可能穿涼鞋？」

「那是因為夏天太熱了呀！我為了出任務方便，不得不換掉長靴。而且，小伙子，難道你不知道披風本來就是一個中看不中用的東西？」

員警還是不相信他，從頭到腳再三打量：「你可有身分證明文件？」

超人愣住了，呆了幾秒才傻傻地說：「我──我從來都不需要什麼身分證明文件啊，你看我衣服上這個大大的『S』，就表示我是超人，Superman呀！」

「是嗎？印了英文字的衣服滿街都是，有什麼稀奇，一個英文字母能證明什麼？」員警冷冷地哼了一聲，「難道你不知道，『傻瓜』──Sucker，也是『S』開頭？」

被趕出警察局，超人十分悲憤：「這個社會真沒有人情味！我為大家做了這麼多事，現在輪到我有困難，我不舒服的時候，都沒人關心！」

他飛過一家百貨公司上空，看到一大堆令人眼花撩亂的「換季打折」旗海，心理更加不平衡：「真不公平！到處都在換季，

為什麼只有我不能換季？」

不過，既然幹了超人這一行，多少年來，他一直忠於職守，這會兒儘管不痛快，該做的事還是要做的。

「唉，既然不能改變造型，那我就想辦法用比較涼快的布料來做緊身衣，應該就沒問題了吧！」超人氣悶地盤算。於是，在辛辛苦苦頻頻出任務之餘，超人還得抽空逛街，尋找適合的布料。由於以往對這方面很少接觸，非常陌生，一時之間，超人還真有漫無頭緒之感。

過了一個禮拜，祕書告訴超人，收到了不少抗議的電話和信件。

「什麼？我累成這樣，每天換六套超人服都完全濕透，他們還有什麼好抱怨的？」一向好脾氣的超人，也忍不住滿肚子火氣。

「好幾家餐廳、觀光飯店聯合抗議，為什麼最近你只關心休閒服店和布店的安全，每次一有犯罪事件發生，你都剛巧在場？」

「那是因為我剛好都在店裡看衣服或者是看布料。」超人沒好氣地說，「我熱死了呀！我需要趕快換衣服呀！」

「還有好幾家火鍋店也抱怨你最近似乎特別關心冰淇淋店。」

「這──我是身不由己啊，我實在是太熱、太難受了，只好一有空檔，就往冰淇淋店跑。」

面對這些抗議，超人實在無法用「一群無聊鬼！」來說服自己不要計較。他想到自己一向就怕熱，發病以來，又變得特別容易流汗，卻一直不曾得到大家充分的關心；現在，別人反倒來挑剔他不夠關心！這──這是什麼世界喔！

超人愈想愈傷心。專職打擊罪犯的他，在遭受一連串的打擊之後，終於做了新的決定。

他決定放棄改變衣服布料的計畫，他決定──改行啦！

超人前往一家設備豪華的游泳池，應徵救生員的工作。對於那麼怕熱的人來說，還有什麼比成天得以泡在游泳池裡更舒服的呢？

超人在這裡過得非常開心。不僅因為這份工作解決了他怕熱的難題，更因為他在這兒竟然巧遇了不少很久都未聯絡的老朋友，大家現在都是游泳池的救生員。

你猜超人遇到了誰？——告訴你吧，是蝙蝠俠、羅賓、蜘蛛人、女超人……總之，都是一群穿緊身衣的傢伙！

管阿姨的創作心得分享

「披風是一個中看不中用的東西」——這其實只是我自己的一個猜測，或者應該說是一個看法，所以，這個故事就是從一個假設展開，那就是，如果超人變得非常非常怕熱，以至於沒辦法再成天繫著披風，可是一旦去掉披風、改變裝束之後，儘管他自己覺得沒什麼大不了，反正披風本來就是中看不中用，可是沒想到別人卻因此都不認得他了，那該怎麼辦？

封在罐子裡的王子　　　樊芮彤（四年級）

在很久以前，有一個國度的一位王子被一個可惡的女巫封進了一個小罐子裡，丟進一座荒涼大山裡。

有一天，有一位公主，在遊玩中不知不覺中就走進了這座大山。她走著走著忽然聽到了這位被封在罐子裡的王子的呼救，便循聲走過去，她看見這個罐子在說話，有些害怕。

她走上去結結巴巴地問：「是你在說話嗎？你是誰？」

「我是一位王子，被一個可惡的女巫封在了這個瓶子裡。」王子回答道，然後又問：「妳是誰？」

公主答道：「我是一位公主，在遊玩中不知怎麼無意間就走到了這座大山裡。你怎樣才能從這個罐子裡出來呢？如果需要我幫忙的話，我會很願意幫忙。」

公主帶著微笑回答，顯然她真的很願意幫忙。

「謝謝。如果想讓我從這個罐子裡出來的話，要先去千年冰山上的一座宮殿，取出一件寶貝『防火隱身罩』，再去火燄山上取出世界上最好的木頭，和世界上燒得最旺的火。由於火燄山上有一條火龍守著這兩件寶貝，所以，去之前要穿上防火隱身罩。最後用最好的木頭和最旺的火燒出一堆火焰，再把裝著我的這個罐子扔進火堆，只聽『轟』一聲響，我就可以出來了。」激動的王子高興地感謝著。

聽到這些，公主立刻就來到了冰山，看到一座像冰柱一樣滑的冰山，公主就用指甲當鉤子，鉤住冰山爬了上去。

到了冰山上，公主的手已經凍得白白的了，涼涼的。公主忍著冷，打著哆嗦走進宮殿裡看見了一張桌子，上有一把鑰匙，又看到幾扇門。她拿著鑰匙打開了房門，突然就發現了「防火隱身罩」，於是趕緊拿走了防火隱身罩。

公主來到火燄山，忘了穿防火隱身罩，所以剛走了一步，火龍就好像發現了什麼似的，眼珠一轉，突然狂叫了一聲。公主嚇得連忙退回了一步，穿上了防火隱身罩。這回她吸取了上次的

教訓，就連步子也邁得輕輕地。火龍仔細地看看周圍沒有什麼動靜，便打了個哈欠睡著了。公主悄悄地躲過了火龍，溜進了火燄山，又悄悄地拿走了放在高高的柱子上最好的木頭和燒得最旺的火。結果公主的手一不小心都燒出了一個水泡。公主忍著痛，馬上回到了大山上，燒出了一堆火，滿懷著期望把裝著王子的罐子扔進了火堆裡，只聽「轟」一聲響，一個王子出現在她的面前，對她說：「妳救了我，讓我重新獲得了自由，我要把妳帶到我的宮殿裡，做我的王妃，妳願意嗎？」公主聽了，立即把手的冷和痛全拋到腦後了，紅著臉回答說：「我願意！」

從此，他們就過著幸福、快樂的日子。

管阿姨賞析

　　真是一個勇敢可愛的公主（芮彤一定是一個勇敢可愛的小女生）。這個故事，若用最簡單的話來講，就是「一個勇敢的公主拯救了一個被封在罐子裡的王子」，在這句話中只出現了一個道具，那就是那個封住王子的罐子（其實如果能把這個罐子的外觀稍微再設計描述一下會更好），但是在公主拯救王子的過程中，除了出現「千年冰山」、「火燄山」這兩個重要場景之外，還出現了「防火隱身罩」、「世界上最好的木頭」、「世界上燒得最旺的火」等三個重要的道具，這就使得整個故事讀起來變得相當豐富。

糖果屋　　　蔣子涵（三年級）

　　我有一個願望，自己擁有一間糖果屋。今天我終於實現了我的願望。我用我收藏的糖果做成了糖果屋。

　　糖果屋是用空心的橘子糖做的，床是用花生糖做的，檯燈是用自己最喜歡的阿爾菲斯雙想棒做的，桌子用草莓糖做的，椅子是用水果糖做的，書架是用香蕉糖做的，門是我喜歡吃的巧克力糖做的，窗戶是用碎碎冰做的，然後我再用縮小燈把自己變小了，進去一看，裡面花花綠綠，好漂亮呀！

　　同學們，有空一定要來我的糖果屋玩一玩！

在《格林童話》的〈韓森與葛娜德〉（也就是〈糖果屋〉）這個故事中，對於糖果屋的描述是這樣的：「……他們一走近，發現這個小房子是用麵包造成的，屋頂是用餅乾蓋成的，窗子則是用透明的糖做成的……」而子涵小朋友所設計的「糖果屋」則幾乎真的都是用糖果做成的，相當可愛。只可惜子涵搭出了這個道具屋之後，沒有再繼續發展故事。（不過，畢竟只是三年級的小朋友，能把一間糖果屋設計得如此仔細也已經不容易了。）

　　總之，從設計原創性的道具或是運用現成的道具開始著手，都是刺激童話寫作靈感的一種很不錯的方式，大家不妨試試看。

5

好好安排對話

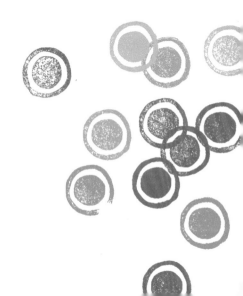

對於所有的影視作品來說，配樂實在是太重要了；好的配樂不僅可以使電影更加吸引人和動人，有時甚至可以挽救一部糟糕的電影。

　　而以閱讀來說，文字雖然是平面的，但是文字當然也可以製造聲音，譬如「砰！」、「咻！」、「轟！」、「哇！」、「哈哈！」、「丁鈴鈴！」、「噹噹噹！」、「咚咚鏘！」、「喀嚓喀嚓！」、「嘩啦嘩啦！」、「伊哦伊哦！」等等，都是在童話中經常會出現的聲音，這些音效可以為故事增加不少活潑和熱鬧的感覺。

　　在幼兒文學中，也經常會出現「哦」、「呢」、「啦」之類，或「抱抱」、「睏睏」、「寶寶」等疊字，當大人在為孩子們念故事的時候，這些音效應該也會讓幼兒感到相當親切吧，因為這些都是在他們的生活中經常會聽到的聲音。

　　當然，在童話中還有一項非常重要的聲音，那就是「台詞」。我覺得如果能夠把台詞、把對話處理得好，將很能增加作品的魅力。

我有一則短篇童話〈從現在開始〉（收錄於《複製瞌睡羊》民生報出版，一九九七年十二月），後來被大陸「人教版」選為語文二年級上冊第二十一課的課文（二○○一年十二月）。我們不妨來看看，在同樣的情節裡，由於對話安排得不同，會出現怎樣不同的效果吧。

| 故事欣賞 |

從現在開始　　　管家琪

　　做了太久的「萬獸之王」，獅王覺得好累，不想做了，想找一個接替的人，就宣布一個重要的決定。

　　「從現在開始，大家輪流做『萬獸之王』，」他隨手一指：「就從貓頭鷹開始吧，每個人先做一個禮拜，我再來看看誰最合適。」

　　長久以來，貓頭鷹一直覺得受到大家的冷落，現在居然可以

做「萬獸之王」，他覺得好神氣，馬上下令：「從現在開始，大家都要日夜顛倒，跟我一樣做夜貓子！」

「什麼！」大家全傻眼了，但是，又不能不服從「萬獸之王」的命令，只好各自想辦法努力熬夜。一個禮拜下來，除了蝙蝠那些本來就是屬於「夜行動物」的夥伴非常習慣以外，其他原本到了晚上就要睡覺的朋友可就慘了，一個個叫苦連天，睡眠不足，眼眶發黑，幾乎都成了「貓熊」。

第二個禮拜，輪到袋鼠做「萬獸之王」。他很激動地說：「上禮拜貓頭鷹把我們整得好慘，我要報復！從現在開始，我規定大家都要用跳的走路！」

「哇！」接下來的這個禮拜，大夥兒都在苦練跳高。

第三個禮拜，河馬又要報復袋鼠，規定大家沒事就得泡在水裡，泡得大家的皮膚都皺巴巴的，好像都成了犀牛的親戚。

第四個禮拜，輪到小猴子當「萬獸之王」，大家都非常擔心，他會不會規定從現在開始，大家都得住在樹上，都得成天抓著藤條盪來盪去？

幸好，小猴子只說：「我規定——從現在開始，每個人都按照最適合自己的方式來過日子。」

「耶！」大夥兒紛紛歡呼。噩夢終於結束了。

就衝著這一句，獅王笑咪咪地說：「不用再往下輪了，我鄭重宣布，小猴子是最適合當『萬獸之王』的人！」

從現在開始　　管家琪／原著　大陸人教版編輯部／改寫

獅子想找一個動物接替他做「萬獸之王」。於是，他宣布：「從現在開始，你們輪流當『萬獸之王』，每個動物當一個星期。誰做得最好，誰就是森林裡的新首領。」

第一個上任的是貓頭鷹。他想到自己成了「萬獸之王」，神氣極了，立刻下令：「從現在開始，你們都要跟我一樣，白天休息，夜裡做事！」大家聽了議論紛紛，可是又不得不服從命令，只好天天熬夜。一個星期下來，動物們都叫苦連天。

第二個星期，輪到袋鼠上任了。他激動地說：「從現在開

始，你們都要跳著走路！」聽了袋鼠的話，大家直搖頭。可是又不得不服從命令，只好苦練跳的本領。

第三個星期，輪到小猴子當「萬獸之王」。大家都非常擔心：他會不會命令我們從現在開始，都得住在樹上，成天抓著藤條盪來盪去？誰知，小猴子只說了一句話：「從現在開始，每個動物都照自己習慣的方式過日子。」話音剛落，大夥兒立刻歡呼起來。

獅子見了，笑咪咪地說：「不用再往下輪了。我鄭重宣布，從現在開始，小猴子就是『萬獸之王』了！」

我們不妨比較一下這兩個版本，改寫版的除了字數比較少之外，和原來的版本最大的差異在哪裡？——對了，就在於很多對話都不見了。（當然，這很可能又是基於字數上的考慮。）

故事一開始，是說獅王想退休，於是想讓大家輪流做一個禮拜的「萬獸之王」，然後再來挑選一個最合適的接班人。第一個輪值的是貓頭鷹。

長久以來，貓頭鷹一直覺得受到大家的冷落，現在居然可以做「萬獸之王」，他覺得好神氣，馬上下令：「從現在開始，大家都要日夜顛倒，跟我一樣做夜貓子！」……

以上是我本來的寫法。「人教版」則處理成：

　　第一個上任的是貓頭鷹。他想到自己成了「萬獸之王」，神氣極了，立刻下令：「從現在開始，你們都要跟我一樣，白天休息，夜裡做事！」……

雖然意思一樣，但是感覺和效果卻不一樣，對吧？

　　大陸的教材，內容很多，以這本二年級上冊的語文課本為例，有三十四課正式課文以及六課選讀課文，為了節省篇幅（〈從現在開始〉這一篇原長一千字，改寫之後只有四百四十個字左右），再加上課本教學角度的編輯考量，「改寫」幾乎是不可避免的，我只想強調一件事，那就是——由於對話處理得不

同，整個效果也就大不相同。

現在，還是〈從現在開始〉這個故事，我們不妨再往下看一組對照。

原版：

第二個禮拜，輪到袋鼠做「萬獸之王」。他很激動地說：「上禮拜貓頭鷹把我們整得好慘，我要報復！從現在開始，我規定大家都要用跳的走路！」……

人教版：

第二個星期，輪到袋鼠上任了。他激動地說：「從現在開始，你們都要跳著走路！」……

在我原來的版本裡，袋鼠說話的時候是有情緒的，因為他和大夥兒剛剛被貓頭鷹整了一個禮拜，正是一肚子氣的時候，很想

也趁機來整整別人，改寫之後雖然也保留了袋鼠「激動地說」這樣的描述，可是接下去袋鼠所說的那句台詞，卻不大有「激動」的感覺，是不是？

再舉一個例子。

| 故事欣賞 |

泡水的雷龍　　管家琪

媽媽帶小寶逛街，買了一個小小的雷龍。

這個紅色的雷龍真的很小，比小寶的手掌還小。但是包裝盒上說，只要一泡水，它就會變大三十倍。

小寶迫不及待地跑到浴室，把洗臉池裝滿水，然後把雷龍丟進去。

「好啦，這樣應該就可以了吧？要趕快變大喲！」小寶很高興地走出浴室。回到客廳，媽媽正好也把剛買回來的東西整理完畢。

「你的雷龍呢？」媽媽問。

「在洗臉池裡，我要把它泡水變大。」

「不行，那等一下大家要洗手什麼的多不方便。你去拿出來，用水桶泡。」

「好吧。」

沒想到，小寶一走進浴室，就嚇了一大跳，洗臉池看起來怎麼一片紅紅的？仔細一看──天哪，居然是他的雷龍！

「喲，這麼快就已經變得這麼大？好像不止三十倍了嘛！」小寶趕緊用水桶接滿水，把那隻已經比爸爸的手掌還要大的雷龍挪到水桶裡去。

「給你更大一點的地方，看你還會不會變大。」說完，小寶就出去了。

玩了一會兒，他想到泡水的雷龍，又跑進浴室裡去看。

乖乖，小寶簡直不敢相信，不過才半個鐘頭，雷龍已經又變大了好多，它現在看起來，比小寶那有名的「大頭」還要大！即使是最保守的估計，它起碼也已經放大了五十倍！

　　「哇，這麼大！」小寶驚呼。

　　「怎麼？你不滿意嗎？」雷龍居然開口說話了，「剛才你不是要我趕快變大嗎？你看，我多聽話。」

　　「你──你會講話？」小寶連退了幾大步。

　　「大到一定程度就會說話了。」雷龍說，「我想請你幫我做一件事。」

　　「什麼事？」

　　雷龍指指浴缸：「幫我把那裡接滿水，我想過去，這裡太擠了。」

　　「沒問題。」小寶立刻照辦，再把雷龍請過去。

　　「好，你出去吧。」雷龍說，「我想一個人安靜一下。」

　　「你還會不會變大？」

　　「不一定。」雷龍說完，就開始閉目養神了，樣子看起來還

挺悠哉的。

「這傢伙倒真會享受。」小寶只好回到客廳。他打算過一會兒再來看雷龍。

媽媽正在廚房忙，小寶一個人安安靜靜地待在客廳裡玩組合玩具。

玩著玩著，忽然聽到背後傳來一陣陣劈劈啪啪、帶有水聲的腳步聲。小寶回頭一看——

「哇！」

「小寶，怎麼啦？」媽媽在廚房裡喊著。

「沒事，沒事。」小寶趕緊先敷衍了媽媽兩句。

「你——你怎麼會變得這麼大啦？」小寶呆呆地望著已經跟他整個人差不多大的雷龍，說，「你起碼已經變大三百倍了吧？包裝盒上說——」

「管它什麼包裝盒！」雷龍兇巴巴地說，它看起來好像很煩躁。

「你——你怎麼啦？」

「大到一定程度，脾氣就會變壞，你連這個也不知道？」雷龍不耐煩地說，「快帶我去有更多水的地方泡。」

「沒──沒有了。」

「你不要騙我──啊哈！」雷龍突然高興地直往外衝。他發現小寶家前院的小水池了。

「噗通！」雷龍興奮地跳進水池。

這下小寶不敢走開了，他就站在附近等著，看看雷龍還會不會再變大。最好不要再大了，它現在已經夠大的啦。

時間一分一秒地過去。十分鐘之後──

「轟！」雷龍突然變得像一頭小象那麼大。

「哪裡還有地方？哪裡還有大一點的地方？」雷龍暴躁地叫著，它的脾氣好像變得更壞了。

「笨蛋，快告訴我呀！要不然我就一口把你給吃了！」

「這怎麼可能？」小寶瞪大了眼睛，「你是雷龍，不是應該吃素的嗎？」

「我是一隻特別的雷龍呀，傻瓜！我大到一定程度會說話，

大到一定程度會走路，當然大到一定程度也會吃肉了！嘿嘿！」
雷龍不懷好意地笑著，「快說，哪裡還有大一點的地方？我在這
裡快擠死了！」

「有，有一個很棒的地方，我帶你去。」

「真的，太好了，快走！」

小寶帶雷龍來到後院的游泳池。雷龍一看，歡呼一聲，立刻
跳進水裡。

就在這個時候，小寶趕緊打開游泳池的出水孔，緊急放水。

「啊，不要！」雷龍慘叫著，「我要水！我要水！」

沒有水，雷龍就愈變愈小，愈變愈小……終於還原成原來的
樣子。

「小寶，你怎麼搞的！玩水玩到客廳裡來啦！地板上到處都
是水！」小寶一走進屋裡，媽媽劈頭就罵。

「媽媽，」小寶委屈地說，「我剛才拯救了我們全家耶，你
都不謝謝我，還怪我弄濕地板！」

這個故事是用主人翁小寶所說的一句話做為結束——「『媽媽，』小寶委屈地說：『我剛才拯救了我們全家耶，你都不謝謝我，還怪我弄濕地板！』」

可是，後來當我看到新版書的時候，卻赫然發現最後一句竟然被改成：

　　「『媽媽，』小寶委屈地說：『我剛才拯救了我們全家耶！』」

然後，就結束了！

我猜想編輯們很可能只是很單純地在排版時發現必須刪掉一行，否則就要多佔一頁，不好安排也不好看。我可以理解在編輯作業時不免會碰到這樣那樣類似「不得不刪」等諸多情況。

在故事裡，小寶已經跟那個一泡水就會變大的雷龍玩具周旋了幾個回合，在周旋過程中，小寶就算明知弄濕了地板媽媽一定會不高興，但是他也無暇顧及，等到後來當小寶好不容易解除了

危機，還沒顧得上喘口氣，就立刻被不知情的媽媽責怪不該弄濕地板，他當然會感到很委屈啊，可是看看新版書的處理，儘管保留了「小寶委屈地說」這幾個字，可是光是那一句「我剛才拯救了我們全家耶！」讀起來軟綿綿的，哪有一點委屈的感覺？

對話實在是太重要啦。在童話創作中，對話這一個部分是一定要好好琢磨的。如果能夠處理得好，無論是劇情或角色的性格和情緒，往往都能藉由對話來做巧妙而又生動的交代。

此外，我覺得在閱讀童話作品的時候，只要看看作者對於對話這方面的處理，就可以感受得到作者到底適不適合寫童話，甚至到底適不適合寫兒童文學。我相信優秀的兒童文學作家都有一顆不老的童心，但這是一種天然的氣質，是性格的一部分，完全裝不來也學不了，有就是有，沒有就是沒有，到底有沒有，從作者對於「對話」的處理中，往往會有很真實的反應。很多童話作品的對話，即使作者刻意套用一些時下孩子們的流行語，但讀起來的感覺卻往往還是很成人，讓人覺得作者實際上「心境已老」，和童話（應該說和兒童文學）的距離其實是滿遠的。

這說起來可能有一點抽象，但確實如此。打個比方，就好像不是每個人都能為「怎麼樣的人才是一個可愛的人？」做一個非常精準，又能被大家所一致接受的定義，可是到底誰是真可愛，誰又只是在裝可愛，應該每個人都還是很容易就能分辨得出來吧。

　　不過，對於小朋友來說，在安排對話的時候一定要有一個清楚的概念，那就是說話和作文是兩種完全不同的表達方式，當我們心裡有了一個意念和想法的時候，如果是要說出來，只要是詞能達意、人家還聽得懂你在說什麼就可以了，哪怕你可能講得囉唆一點，或者講得顛三倒四，或者用一大堆「然後」、「所以」的連接詞讓人聽得好累；如果是在講一件令人氣憤的事，如果你只是私底下跟三五好友說，就算偶爾穿插一些比較激動、比較情緒化的字眼，似乎也很正常，無傷大雅，可是如果你是要把這個意念和想法寫下來，那就不能嘴巴怎麼說、筆下就怎麼寫，一定

要把這個想法在腦子裡先整理清楚，把條理都弄順了，才下筆表達，而且，你要用哪些字眼、哪些句子來表達，也得考慮考慮；這就是所謂的「用字遣詞」。

舉一個例子。有一次，在捷運上，我聽到幾個看起來像是國小高年級的小朋友在嘰嘰喳喳地聊天，其中一個說：「我們老師好賤喔！」我一聽，馬上豎直了耳朵，想聽聽看這個老師到底是怎麼個賤法？原來——就是每次考試過後都要求他們認真訂正試卷，不容馬虎。（其實老師認真有什麼錯啊？這樣居然就是「賤」？）

好，現在如果這個小朋友想以此寫一篇關於這個老師的作文，你說，能夠就像他跟同學們說話似地寫——「我的老師很賤」嗎？按他所形容的老師的「事蹟」，頂多是這麼寫——「我的老師很認真」，或者「我的老師很嚴格」，甚至「我的老師很嚴厲」吧！

一個人怎麼說話（也就是所謂的「談吐」），一般都已經是不宜太粗俗，而當你在下筆為文的時候當然就更應該要追求一種

比較雅的表達方式。

　　同樣的道理，當你在網上和朋友們聊天的時候，如果用一些「火星文」等網路語言，這也沒什麼，只要能夠清楚地表達意思，達到溝通的目的就好，可是當你在寫作文的時候，就不合適把網路語言直接搬到作文簿上了。

　　此外，對話固然有很多妙用，但是，往往也不是「愈多愈好」。

　　我們來看一個例子。

小狐狸借油　　黃雅楠（五年級）

有一天，小狐狸家中的油沒了，於是去向小公雞借油。

小狐狸走到小公雞家門口敲了幾下門，小公雞開了門，問：「幹嘛？」小狐狸說：「我向你借一瓶油。」

「休想，上半年我借你的半瓶油還沒還呢！」

小狐狸說：「那我今年還你兩瓶。」

「可以是可以，不過你要給我寫一張借條，說一個星期內還我兩瓶。」

一個星期後，小狐狸真的來還這兩瓶油。小公雞很高興地開了門，一看小狐狸竟然拿著兩個眼藥水瓶裝著的兩瓶油，知道自己受騙了，便哇哇大哭起來。

狡猾的小狐狸笑著說：「你只說還你兩瓶油，並沒有說要多大的瓶子呀！」

小白兔路過，看到小公雞在哇哇大哭，於是上前去問：「小公雞，你怎麼了？」

　　小公雞說：「小狐狸他——」

　　小兔子說：「小公雞你別傷心，我來教訓他！」

　　小公雞說：「好！」

　　小兔子跑到小狐狸家門口，敲了一下門，問：「小狐狸，可以借我一瓶油嗎？」

　　小狐狸說：「休想！」

　　小兔子說：「一個星期內我還你兩瓶，好嗎？」

　　小狐狸想：「有便宜可佔了。」他說：「好吧！不過你的瓶子要和我的瓶子一樣大小哦！」

　　「可以。」小兔子說。

　　一個星期內，小兔子來還油，他敲了敲門，小狐狸出來一看，火冒三丈，小兔子拿著的瓶子裡只裝了一點油。小狐狸問：「你怎麼這樣？」

　　小兔子說：「你只說多大瓶子，並沒說裝多少油啊！」

小狐狸明白了，做動物要誠實，誠實會有許多好朋友。他拿起兩瓶油送往小公雞家，他和小公雞成了最好的朋友。

 管阿姨賞析

這個故事其實還滿有趣的，看得出在情節的設計上，雅楠小朋友很花了一番工夫，只是雅楠在安排對話的時候似乎有一點太鉅細靡遺了，幾乎是完全遵守著「一問一答」，這就不需要了，如果能夠稍微精簡一點，把有些無關緊要的對話，譬如「好！」、「可以！」之類刪掉，效果一定會更好。

6

結　語

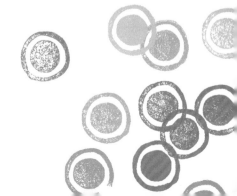

這一本《聯想，編織童話的彩衣——讀童話學作文》（中階）是上一本《想像，是童話的翅膀——讀童話學作文》（初階）的一個進階版，我們不但了解了童話寫作經驗在記敘文上的運用，也介紹了關於童話寫作的基本概念，包括該如何慎選童話角色，以及如何運用「物性」來增加童話味，還有如何巧用童話道具和最好的安排對話。有了這些基本概念，你就可以從上一冊《想像，是童話的翅膀——讀童話學作文》（初階）中介紹的「童話續寫」或「童話改寫」的方式，進入到原創性的童話。

　　至於童話寫作還應該如何精益求精？還有哪些技巧應該注意和加強？那就請大家等著看這套叢書的最後一本吧。

7

延伸閱讀

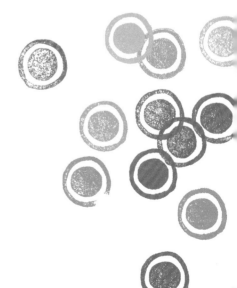

小朋友，你讀了《聯想，編織童話的彩衣——讀童話學作文》（中階）這本書之後，了解了如何將「童話」的寫作經驗運用到寫作文上，也知道了寫童話要慎選主角，利用每一個動物或是物品原來的本性，將他擬人化做發揮，增加童話的趣味，並運用道具、安排對話，使角色更有情緒……等等。管阿姨在這本書中，還提到很多很多有趣的故事，多閱讀能讓你的童話寫作更豐富喔。你看過哪些篇章？可以在框框內打一個勾。繼續加油吧！

【電影】

□神鬼奇航

□祕窗

□美女與野獸

【書籍】

□昆蟲記

□聊齋誌異

□魔戒（亦有改拍成電影）

□哆啦A夢

【故事】

□夜鷹與玫瑰

□香菇的故鄉

□捉拿古奇颱風

□綠野仙蹤

□口水龍

□咬胡桃小人和老鼠國王

□小紅帽

□穿長靴的貓

□豌豆姑娘

□傑克與豌豆

□灰姑娘

□睡美人

□白雪公主

□愛麗絲夢遊仙境

□哈姆林的吹笛人

□青蛙王子

□驢皮公主

□獅子・女巫・魔衣櫥

□拇指姑娘

□騎鵝旅行記

□巨桃歷險記

□打火匣

□漁翁的故事

□阿拉丁和神燈的故事

□誰要零鴨蛋

□我家有黑洞

□一句飄在空中的對不起

九歌小教室 2

聯想，編織童話的彩衣
讀童話學作文（中階）

作者	管家琪
責任編輯	何靜婷
發行人	蔡文甫
出版發行	九歌出版社有限公司
	臺北市105八德路3段12巷57弄40號
	電話／02-25776564・傳真／02-25789205
	郵政劃撥／0112295-1
九歌文學網	www.chiuko.com.tw
印刷	晨捷印製股份有限公司
法律顧問	龍躍天律師・蕭雄淋律師・董安丹律師
初版	2011（民國100）年6月
定價	**220元**

書號	0176402
ISBN	978-957-444-771-8

（缺頁、破損或裝訂錯誤，請寄回本公司更換）

國家圖書館出版品預行編目資料

聯想，編織童話的彩衣——讀童話學作文
（中階）/ 管家琪著. -- 初版. -- 臺北市：九歌，
民100.06
　　面；公分. -- (九歌小教室 ; 2)

ISBN 978-957-444-771-8(平裝)

1. 漢語教學　2. 童話　3. 寫作法　4. 小學教學

523.313　　　　　　　　　　　100007985